퀵
DELE 스페인어
능력시험
델레 A1

초판 1쇄 인쇄   2024년 8월 13일
초판 1쇄 발행   2024년 8월 23일

지은이	채인숙
발행인	임충배
홍보/마케팅	양경자
편집	김인숙, 왕혜영
디자인	정은진
펴낸곳	도서출판 삼육오(PUB.365)
제작	(주)피앤엠123

출판신고 2014년 4월 3일
등록번호 제406-2014-000035호

경기도 파주시 산남로 183-25
TEL 031-946-3196 / FAX 031-946-3171
홈페이지   www.pub365.co.kr

ISBN 979-11-92431-73-4 13770
© 2024 채인숙 & PUB.365

답이 바로 풀리는

DELE

스페인어
능력시험

채인숙 저

델레 A1

PUB윰오

머리말

DELE(Diploma de Español como Lengua Extranjera) 시험은 Instituto Cervantes가 수여하는 공인 자격증으로, 스페인어의 수준과 경쟁력을 증명할 수 있습니다. 세계 많은 나라의 교육 기관뿐만 아니라 회사로의 진출에 있어 스페인어 실력을 측정하는 국제적인 기준이 되는 공인 시험입니다. 따라서 시험의 응시자는 DELE가 수여하는 자격증을 통해 스페인어 실력을 인정받아 새로운 기회를 얻을 수 있습니다.

본서는 스페인어 학습에 입문한 학생들이 레벨 A1 시험 응시를 위해 준비할 수 있도록 도움을 주는 학습서입니다. 취미로 스페인어를 학습하는 것을 넘어 시험을 통해 독해, 듣기, 쓰기, 말하기 영역에서의 실력을 고루 키우고 그에 맞는 수준을 얻을 수 있습니다.

DELE A1은 기본적인 스페인어 습득으로도 비교적 쉽게 합격할 수 있습니다. 본서는 응시자가 DELE 시험에 빠르게 적응할 수 있도록 전체적인 시험 설명과 각 과제별 유형을 제시하고, 다양한 문제에 접근할 수 있도록 도와줍니다. 또한 정답과 오답을 통한 해설과 함께 정확한 문제 풀이에 도달할 수 있도록 합니다. A1 레벨에서 요구하는 단어나 문법을 담고 있어, 이러한 지식을 통해 독해, 듣기, 쓰기, 말하기 4개 영역에서 고루 이용할 수 있습니다.

다년간의 강의를 통해 얻은 노하우를 담았습니다. 본서가 DELE 시험 준비에 있어 많은 도움이 되기를 바랍니다.

채인숙 드림

목차

학습 방법

- **총 5개 세트**로 유형과 질문에 대한 충분한 준비
- **실제 시험 답안지**를 작성하며 시험에 미리 대비하는 **모의고사 세트**
- **무료 자료**를 활용하여 완벽한 복습까지!

1단계

DELE 알기

① 시험 접수방법과 시험당일 준비사항을 상세하게 소개
② 각 레벨이 요구하는 난이도와 문법요소, 채점 기준 등을 안내

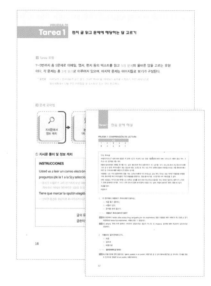

2단계

연습문제

① 각 영역의 Tarea별 유형을 상세하게 분석하여 학습 팁을 제공
② 지시사항을 미리 숙지하여 실제 시험에서 효율적으로 시간을 배분할 수 있도록 도움
③ 정답과 오답 설명과 함께 필수 어휘와 문법을 학습

3단계

실전문제

① 연습문제에서 익힌 내용을 바탕으로 각 Tarea 별로 더 깊이 있게 준비
② 같은 유형의 문제를 연속으로 풀며 완벽하게 적응하는 단계

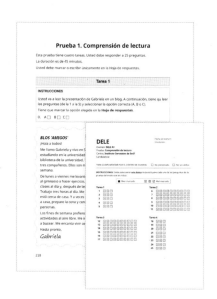

모의고사

① 실제 시험장과 같은 조건으로 시뮬레이션하는 단계
② 모든 영역을 정해진 시험 시간에 맞추어 풀이
③ 작문을 포함한 답안지 마킹을 완료한 후, 실제 시험에서 소요되는 시간과 과정을 미리 예측

복습하기 (추가 자료)

① 〈퀵 단어노트〉로 배운 어휘를 반복적으로 기억
② 〈퀵 단어테스트〉로 암기한 단어를 다시 한번 체크
③ 〈퀵 오답노트〉로 풀이한 문제를 완벽하게 분석
④ MP3 음성파일을 반복 청취하며 듣기 쉐도잉 학습

추가 자료 다운로드 방법

www.pub365.co.kr 홈페이지 접속 → 도서 검색 → 퀵 DELE A1 → 추가 자료 다운

DELE

DELE 소개

■ DELE (Diploma de Español como Lengua Extranjera)

스페인어를 할 줄 안다면? 우리는 때때로 자신의 외국어 능력을 증명해야 한다. 스페인어를 배우고 그 지식의 정도를 인증하는 아주 중요한 수단이 바로 DELE 자격증이다.

DELE는 스페인 교육부의 이름으로 스페인어의 진흥과 교육을 담당하는 공공기관인 세르반테스 문화원에서 수여하는 공식 자격증으로 스페인어의 능력과 숙달 정도를 평가, 인정하는 역할을 하고 있다. DELE는 국제적인 명성을 가진 자격증이며, 응시자 개인의 능력 평가 이외에도 전 세계 수많은 교육기관과 기업에서 기준으로 삼고 있다. 또한, 많은 교육기관에서 스페인어권 국가로의 유학을 준비하는 학생들에게 DELE 자격증을 요구하기도 한다.

스페인어는 전 세계에서 네번째로 많이 사용되는 언어이며 2023년 기준 5억 9천 만명의 인구가 이 언어를 사용하고 있다. 또한 그 사용자 수는 향후 40년 내에는 약 7억 2천 6백만 명으로 정점에 도달할 것이라고 세르반테스 문화원은 예측하고 있다. 이처럼 앞으로도 스페인어에 대한 수요는 나날이 증가할 것으로 예상되며, 스페인어의 능력을 검증하는 DELE 자격증은 국내외로의 학업 또는 구직활동에 있어 큰 도움이 될 것이다.

■ 시험단계

DELE 자격증은 A1 부터 C2까지 총 6개의 단계로 나뉘어진다.

A1	기초적인 어휘와 표현들을 이용한 언어구사에 집중하는 단계이다. 자주 사용되는 일상 표현을 이해하고 사용할 수 있는 언어 능력을 평가한다.
A2	응시자가 자신과 관련된 경험 영역 <가족, 쇼핑, 관심 장소, 직업 등>에 대한 기본 정보와 관련하여 표현할 수 있는지를 평가한다.
B1	업무, 학업 또는 일상 생활의 가장 일반적인 상황을 적절하게 이해하고 대응하며 요구 사항을 전달할 수 있는 언어 능력을 평가한다.
B2	추상적이고 복잡한 텍스트를 이해하며 일상적인 의사소통에는 큰 노력을 필요로 하지 않을 정도의 유창함과 자연스러움을 갖춘 능력을 평가한다.
C1	말하고 싶은 내용을 제약없이 명확하게 표현할 수 있는 충분한 언어 능력을 요한다. 관용적 표현과 구어체 표현을 포함하여 광범위한 어휘를 구사해야 하며 사회, 직무, 학문 분야에서 언어를 유연하게 사용하고 표현하는 것을 평가한다.
C2	높은 수준의 언어 사용과 이를 통해 나타나는 문화적 습관에 대한 지식이 필요하다. 의미론적, 문법적 영역에서도 의미와 뉘앙스를 구별할 수 있어야 하며 높은 수준의 전문성을 평가한다.

A1 - B2		100점 만점	합격을 위한 최소 점수
그룹 1	독해	25점	그룹 1 합산 후 30점
	작문	25점	
그룹 2	듣기	25점	그룹 2 합산 후 30점
	회화	25점	

C1		100점 만점	합격을 위한 최소 점수
그룹 1	독해와 언어의 사용	25점	그룹 1 합산 후 30점
	듣기와 작문	25점	
그룹 2	듣기와 언어의 사용	25점	그룹 2 합산 후 30점
	독해와 회화	25점	

C2	100점 만점	합격을 위한 최소 점수
독해와 듣기, 언어의 사용	33.33	20점
의사소통의 통합적 능력 : 듣기와 독해, 작문	33.33	20점
의사소통의 통합적 능력 : 독해와 회화	33.33	20점

대교인천센터 (4월/10월) 홈페이지 http://vanvo.co.kr
한국외국어대학교 (5월/7월/11월) 홈페이지 https://dele.hufs.ac.kr
대구가톨릭대학교 (5월/7월/11월) 홈페이지 http://daegudele.cu.ac.kr

대교인천센터
- 해당 홈페이지에서 상품 구입형태로 결제 (카드, 휴대폰 결제 가능)

한국외국어대학교
- 응시 등급에 해당하는 응시료 입금
- 입금 시 받는 사람 통장 표기내역에 '응시자 이름/ 응시월/ 응시 레벨' 예) '홍길동 5월 A2' 와 같이 표기
- 입금확인증을 전자 파일 (pdf / jpg / bmp / gif / png) 로 준비 (이체 후 화면 캡쳐 이용 가능)

유의사항
- 출생 도시 정확히 기재 예) SEÚL, BUSAN, DAEGU, SUWON...
- 가장 자주 사용하는 이메일 기재
- 입금 완료한 화면: 입금확인서 첨부 (파일명: 응시자 이름)
- 입금일: 응시자의 생일이 아닌 입금한 일자 정확히 기재

접수확인 페이지에서 입력내용 확인
- 응시년도, 응시 월, 생년월일, 이메일로 확인

→ 접수 후

접수 확인증 (Resguardo de Inscripción)을 이메일로 발송

시험 1주일 전 수험표 확인
- 응시일로부터 1주일 전에 이메일로 개인별 시험 일정과 세부 사항들이 적힌 수험표 발송
- 한국외대 접수는 이메일 2회, 대교센터 접수는 1회 통합(회화시간 포함) 발송
- 수험표 미수령 문의메일
  : 한국외대 dele@hufs.ac.kr
  : 대교센터 dele@daekyo.co.kr

수험표 체크 리스트
- 이름과 성 확인
- 시험 응시 장소 확인
- 필기 시험 날짜와 시간 확인
- 회화 시험 날짜와 준비 시작 시간 확인 (개인마다 다른 회화시간 배정)

☑ 사진이 있는 신분증 (사본이나 모바일 증명서 안됨)
  성인 : 주민등록증, 운전면허증 또는 여권
  학생 : 위의 신분증이 없을 경우 본인의 사진, 이름, 생년월일이 포함된 학생증 또는 청소년증으로 대체

☑ 수험표

☑ 접수 확인증 (Resguardo de Inscripción)

☑ 필기구 : 2B 연필, 지우개, 연필깎이, 검정 볼펜

☑ 주의 : 독해, 듣기 답안지 작성시 오직 2B 연필만 사용 가능 / 수정 테이프 사용 불가

■ 시험당일 TIP

☑ 필기 시험은 8:30분부터 입실 가능
  시험장 문을 8시 30분에 개방하므로 너무 일찍 또는 늦게 도착하지 않는 것이 좋다.

☑ 시험보는 장소의 위치를 익혀 둘 것
  당일 아침에 길을 헤매는 일이 없도록 미리 시험보는 건물의 위치를 알아 두고 가는 것이 좋다.

☑ 손목 시계를 준비할 것
  시험장 내 시계가 비치되지 않는 경우가 종종 있다. 이 경우 시험 감독관이 종료 10분전 5분전 고지해
  준다. 개인의 효율적인 시간 배분을 위해 손목시계를 준비하는 것을 추천한다. (애플워치, 갤럭시 워치
  등 스마트 워치는 착용할 수 없다.)

☑ 시험 전 듣기 음성을 들으며 듣기시험에 익숙해질 것
  시험장에 가는 동안 평소에 연습하던 문제의 듣기 음성을 들으며 워밍업을 해주는 것이 좋다.

☑ 시험 전 필수 어휘 다시 보기
  A1 레벨은 기본 어휘들을 알고 있다면 정답 적중률이 높아진다. 자주 등장하는 어휘들을 정리하여 시
  험 전에 보는 것이 도움이 된다.

☑ 마킹 시간을 꼭 남겨둘 것
  시험시간에는 답안을 마킹 하는 시간이 포함되어 있으므로 시간을 잘 남겨두어 답을 체크해야 한다. 또
  는 각 영역이 끝날 때마다 답안지에 미리 마킹하는 것도 하나의 방법이다.

A1 준비

■ 난이도

A1 단계에서는 다음을 요구한다.
- 자주 사용되는 일상 표현을 이해하고 사용할 수 있는가
- 자신과 일상생활에 대한 기본적인 정보를 제공할 수 있는가
- 대화자와 천천히 그렇지만 명확하게 대화할 수 있는 능력이 있는가

■ A1 특징 및 공략

☑ **자신과 가족, 친구 등 주변인물 소개에 관련된 표현들의 사용**
- 인물 소개에 관한 (신체, 성격, 생활 루틴) 어휘나 표현

☑ **일상 생활에 관련한 어휘나 표현들의 사용**
- 시에 일어나고, 무엇을 먹고 또 언제 학교에 가는지 또는 주말에는 무엇을 하는지 등의 표현

☑ **A1 레벨에서 요구하는 기본적 문법 요소**

명사의 정확한 사용	남성, 여성, 단수, 복수 형태를 정확히 구분 예) amigo / amiga / amigos / amigas
형용사 정확한 사용	명사에 성, 수 일치, 국적 형용사의 사용 예) el chico guapo
지시사, 소유사의 사용	수식하는 명사에 따른 올바른 지시사, 소유사의 사용 예) Este libro es mío.
목적 대명사, 재귀대명사의 사용	간접목적 대명사와 재귀대명사의 인칭에 따른 올바른 사용 예) (A mí) Me gusta el libro. (Yo) Me levanto temprano.
현재시제의 사용	인칭에 따른 올바른 규칙동사의 변형 불규칙 동사 ser, estar, haber, ir의 올바른 변형 예) Nosotros estudiamos español.
동사원형을 이용한 구문 사용	미래표현 ir a + 동사원형 희망 querer + 동사원형 예) Yo voy a ir a casa. ¿Quieres tomar algo?

☑ 문제나 답변에 다양한 이미지의 사용

예)

el cine (영화관)	la playa (해변)

■ A1 학습 방법 ────────────────────────────────────

DELE A1은 문제 유형을 잘 알고 기본 어휘나 표현들을 연습한다면 단기간에 합격에 도전해 볼 수 있는 레벨이다. 그럼 퀵 DELE (A1)와 함께 단계별 적응과 훈련을 시작해 보자!

☑ 연습문제 (영역 별로 A부터 Z까지)
 ─→ Tarea 유형별 친숙해지기
 ─→ 문제 풀이 순서와 캐치 해야 하는 키워드 찾아내기

☑ 실전문제 (연습한 대로 실전에 적응)
 ─→ 연습문제에서 단계별로 숙지한 요령을 가지고 실전 문제에 적용하여 풀기
 ─→ 같은 유형의 과제를 반복하여 풀어보며 풀이 방법 익히기
 ─→ 정답과 오류를 찾는 요령 습득하기

☑ 모의고사 (실제 시험과 같은 모의고사 2세트로 학습 마무리)
 ─→ 실제 시험과 같은 조건으로 자신의 진짜 실력 테스트하기
 ─→ 오답 체크하며 자신의 부족한 부분 강화하며 정리하기

Prueba

01

Comprensión de lectura

DELE A1 독해 영역

DELE A1 독해 시험 개요

❶ 시험 시간: 45분
❷ Tarea 수: 4개
❸ 문제 수: 25개

Tarea 1	**편지 글** 읽고 문제에 해당하는 답 고르기	5 문제
Tarea 2	**짧은 지문**에 해당하는 텍스트 고르기	6 문제
Tarea 3	**인물들이 언급한 내용**에 해당하는 공고 고르기	6 문제
Tarea 4	**여러 텍스트 읽고 각 질문**에 알맞은 답 고르기	8 문제

Tarea 1 편지 글 읽고 문제에 해당하는 답 고르기

① Tarea 유형

1~5번까지 총 5문제로 이메일, 엽서, 편지 등의 텍스트를 읽고 5개 문제의 올바른 답을 고르는 유형이다. 각 문제는 총 3개 보기로 이루어져 있으며, 마지막 문제는 이미지들로 보기가 구성된다.

* **포인트** 이메일이나 엽서내용과 같은 짧고 간단한 메세지를 이해하는 능력을 시험하기 위한 과제이므로,
일상대화에서 나눌 만한 어휘들을 잘 숙지하고 있는 것이 중요하다.

② 문제 공략법

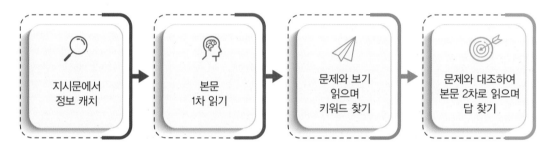

지시문에서 정보 캐치 → 본문 1차 읽기 → 문제와 보기 읽으며 키워드 찾기 → 문제와 대조하여 본문 2차로 읽으며 답 찾기

① 지시문 풀이 및 정보 캐치

INSTRUCCIONES

Usted va a leer un correo electrónico de Pablo a una amiga. A continuación, tiene que leer las preguntas (de la 1 a la 5) y seleccionar la opción correcta (A, B o C).

→ 당신은 파블로가 그의 친구에게 보낸 이메일을 읽게 된다.
   계속해서 1번에서 5번까지의 질문을 읽고 A, B, C중 올바른 옵션을 고르시오.

Tiene que marcar la opción elegida en la Hoja de respuestas.

→ 선택한 옵션을 정답지에 표시(마킹)하시오.

☑ 정보 캐치

글의 유형: Un correo electrónico (이메일)

글쓴이와 받는 이: 파블로가 한 친구에게

② 본문 1차 읽기

처음부터 끝까지 읽으며 해석한다.

③ 질문과 보기 읽고 본문과 대조하며 답 찾기

질문을 읽으며 핵심 키워드를 체크하고 다시 본문을 꼼꼼히 읽으며 답을 찾는다.
지문의 순서와 질문의 순서가 대부분 일치하므로, 질문 1번을 읽고 첫번째 문단 혹은
텍스트의 첫 부분에서 답을 찾는다.

---

3 문제 풀이 팁

- ☑ Tarea 1의 과제 유형은 항상 정해져 있으므로 지시문에서 필요한 정보만 확인한 후
  빠르게 본문을 읽기 시작한다.
- ☑ A1 레벨에서 다루는 일상적 주제들에 대한 어휘와 표현을 꼼꼼히 외워,
  텍스트 독해 속도와 이해를 빠르게 한다.
- ☑ 질문에서 빠르게 핵심 키워드를 찾아 본문에서 답을 찾는 훈련을 하여 문제 풀이 속도를 높인다.

INSTRUCCIONES

Usted va a leer correo electrónico de Pablo a una amiga. A continuación, tiene que leer las preguntas (de la 1 a la 5) y seleccionar la opción correcta (A, B o C).

Tiene que marcar la opción elegida en la **Hoja de respuestas**.

0.   A☐   B☐   C☐

¡Hola, Juana!

¿Cómo estás? Hace tiempo que no sé nada de ti. Estos días estoy muy ocupado con los exámenes. Pero en poco tiempo terminan los exámenes y voy a tener vacaciones.

En agosto quiero ir de vacaciones a Alicante porque allí viven mis tíos. Está un poco lejos de aquí, Madrid, pero puedo ir en avión. Todavía no tengo el billete de avión, pero voy a comprarlo mañana. Me gusta pasar las vacaciones en casa de mi tío porque hay una playa bonita y un parque grande cerca de su casa.

Los primeros días voy a estar con mis tíos, pero luego mis padres van a venir también. Vamos a viajar juntos por unos pueblos cercanos en coche. Porque a mis padres les gusta visitar unos pueblos pequeños. Creo que va a ser muy divertido.

Después de pasar unos catorce días allí, voy a volver a Madrid para hacer los deberes de la universidad. Tengo muchos deberes y tengo que terminar antes de empezar el nuevo curso. Y quiero quedar contigo e ir al cine juntos para ver una película. ¿Qué te parece? Quiero verte pronto.

Un abrazo,

Pablo

1. En este correo, Pablo le dice a Juana que...
   - A) ahora tiene vacaciones.
   - B) tiene los exámenes.
   - C) no escucha música.

2. Pablo va a ir a Alicante...
   - A) en coche.
   - B) a pie.
   - C) en avión.

3. En el texto se dice que...
   - A) Pablo va a viajar con sus padres.
   - B) Pablo va a estar solo en Alicante.
   - C) a los padres de Pablo les gusta viajar en coche.

4. ¿Cuánto tiempo va a estar Pablo en Alicante?
   - A) Una semana
   - B) Dos semanas
   - C) Un mes

5. ¿A dónde quiere ir Pablo con Juana?

A) B) C)

연습 문제 해설

PRUEBA 1: COMPRENSIÓN DE LECTURA

정답				
1	2	3	4	5
B	A	A	B	C

안녕, 후아나!

어떻게 지내니? 너에 대해 못들은 지 오랜 시간이 지났어. 나는 요즘 시험때문에 매우 바빠 그러나 곧 시험이 끝날 거야. 그리고 나는 방학을 가질 거야.

8월에 알리칸테로 여행을 휴가를 가고 싶어. 왜냐하면 우리 삼촌부부가 거기 살거든. 여기, 마드리드에서 조금 멀지만 비행기로 갈 수 있어. 아직 비행기 표는 없는데 내일 그것을 살 거야. 나는 우리 삼촌네 집에서 방학을 보내는 것을 좋아해 왜냐하면 집 가까이에 예쁜 해변과 큰 공원이 있거든.

처음에는 나는 우리 삼촌부부와 있을 거야. 그러나 이후에 우리 부모님도 오실 거야. 우리는 차로 가까운 마을들을 여행할 거야. 왜냐하면 우리 부모님들이 작은 마을들을 방문하는 것을 좋아하거든. 내 생각엔 너무 재미있을 것 같아.

대략 14일정도 거기서 보낸 후에 나는 대학교 숙제를 하기 위해 마드리드로 돌아올 거야. 숙제가 많은데, 새학기가 시작하기 전에 끝내야만 하거든. 그리고 너와 만나서 영화 보러 함께 극장을 가고 싶어. 어떻게 생각해? 빨리 너를 보고싶다.

포옹을 담아

파블로가

---

1. 이 편지에서 파블로가 후아나에게 말하길...

    A) 지금 휴가 중이다.

    B) 시험이 있다.

    C) 음악을 듣지 않는다.

체크 포인트 **파블로가 후아나에게 한 말은?**

정답 B) 본문에서 〈estos días estoy muy ocupado por los exámenes; 요즘 시험들로 매우 바쁘다〉 라고 말하고 있기 때문에 B) tiene los exámenes, 시험이 있다 가 정답이다.

오답 A) ahora, 현재 아직 방학이 시작되지 않았으므로 정답이 아니다. C) música, 음악에 대해 언급하지 않았으므로 오답이다.

2. 파블로는 알리칸테에 간다...

    A) 차로

    B) 걸어서

    C) 비행기로

체크 포인트 **알리칸테에 갈 것이다**

정답 A) 이동수단에 관한 질문으로, 〈pero puedo ir en avión; 비행기로 갈 수 있다〉에서비행기로 갈 것이라는 단서를 얻을 수 있으므로 정답은 A) en avión, 비행기로이다.

3. 이 글에서 말하길..

    A) 파블로는 부모님과 함께 여행할 것이다.

    B) 파블로는 알리칸테에 혼자 있을 것이다.

    C) 파블로의 부모님은 차로 여행하는 것을 좋아한다.

체크 포인트   **이 텍스트에서 말하길**

정답 A) 문제의 〈se dice que...〉는 〈...라고 말한다〉로 빠르게 해석하고 넘어간다. 〈Vamos a viajar juntos por unos pueblos cercanos; 우리는 가까운 마을들을 함께 여행할 것이다〉를 찾을 수 있으므로 A) Pablo va a viajar con sus padres, 파블로는 부모님과 함께 여행할 것이다 가 정답이다.

오답 B) solo en Alicante의 solo는 혼자서 의미로 파블로는 부모님과 삼촌부부와 함께 있을 것이라고 하는 본문 'Vamos a viajar juntos por unos pueblos cercanos; 우리는 가까운 마을들을 함께 여행할 것이다'의 내용과 맞지 않다. C) 부모님이 차로 여행하는 것을 좋아한다는 내용은 본문에서 찾아볼 수 없다.

4. 파블로는 알리칸테에 얼마나 있을 것인가?

    A) 1주

    B) 2주

    C) 1달

체크 포인트   **알리칸테에 얼마나 머무를 것인가?**

정답 B) 본문에서 〈Después de pasar unos catorce días allí; 거기에서 14일 정도를 보낸후...〉라고 하고 있기 때문에 정답은 B) 2주 이다.

5. 파블로가 후아나와 함께 가고싶은 곳은?

    A) (공원)

    B) (카페)

    C) (극장)

체크 포인트   **파블로가 가고싶은 곳은?**

정답 C) 〈Y quiero quedar contigo e ir al cine juntos para ver una película; 나는 너와 만나서 영화를 보러 함께 극장에 가고 싶어〉라고 서술하므로 C) 극장이 정답이다.

▣ 문법 플러스 ──────────

ir, venir, viajar와 교통수단을 함께 표현할 때, 전치사 en을 사용한다.

그러나 걸어서 와 말의 경우에는 전치사 a와 함께 사용한다는 점을 주의해야한다.

en + 교통수단		a + 발, 말
en coche 차로 en metro 지하철로 en autobús 버스로	en tren 기차로 en avión 비행기로 en barco 배로	a pie 걸어서 a caballo 말 타고

예
* Voy a casa **en coche**.
  나는 차를 타고 집에 간다.
* Voy a la escuela **a pie**.
  나는 걸어서 학교에 간다.

INSTRUCCIONES

Usted va a leer una carta de Ana a Javier. A continuación, tiene que leer las preguntas (de la 1 a la 5) y seleccionar la opción correcta (A, B o C).

Tiene que marcar la opción elegida en la **Hoja de respuestas**.

0.　A ☐　B ☐　C ☐

Querido Javier:

Muchas gracias por tu carta desde Lima: la foto de la playa con muchas sombrillas coloridas es muy bonita. La tengo aquí encima de la mesa.

Este mes voy a Iquique, pero no con mis hermanos, porque mi hermana mayor tiene mucho trabajo y mi hermano menor tiene un examen en noviembre, así que no tiene tiempo para ir de viaje.

Por eso yo voy de viaje con mi prima Laura. Nosotras salimos el 15 de octubre y volvemos el 29 de octubre. Un amigo suyo tiene una casa en Iquique y podemos dormir en ella.

Allí hay muchas atracciones: desiertos, playas, montañas y parques. Creo que podemos ir al desierto y hacer actividades allí. Parece muy divertido. Y pensamos alquilar un coche e ir a algunos pueblos que no conocemos.

Dicen que en octubre hace muy buen tiempo allí. No hace mucho frío ni calor. Podemos disfrutar de Iquique.

Espero tu respuesta.

Un beso,

Ana

PREGUNTAS

1. En el texto se dice que...
   - A) Ana tiene dos hermanas.
   - B) a Ana no le gusta la foto.
   - C) Javier está en Lima.

2. El hermano de Ana prepara...
   - A) un examen.
   - B) un trabajo.
   - C) un viaje.

3. Ana y Laura van a estar en Iquique...
   - A) diez días.
   - B) dos semanas.
   - C) un mes.

4. En Iquique Ana y Laura van a ...
   - A) pasear por el parque.
   - B) visitar unos pueblos.
   - C) subir a las montañas.

5. ¿Cómo es el tiempo en Iquique en octubre?

      A)   B)   C)

INSTRUCCIONES

Usted va a leer un correo electrónico de Carolina a Isabel. A continuación, tiene que leer las preguntas (de la 1 a la 5) y seleccionar la opción correcta (A, B o C).

Tiene que marcar la opción elegida en la **Hoja de respuestas**.

0.   A☐   B☐   C☐

Estimada Isabel:

Mi nombre es Carolina, soy ecuatoriana y tengo veintitrés años. Desde hace tres años estudio Relaciones Internacionales en la universidad y el próximo año quiero ir a Londres a seguir mis estudios. Le escribo porque soy amiga de su sobrino Raúl, que me dice que, desde hace mucho, vive en Londres, por eso pienso que me puede ayudar.

No tengo el billete de avión todavía, pero pienso comprarlo dentro de unas semanas. Tengo que llegar allí antes de septiembre porque el curso va a empezar el 12 de ese mes. Pero tengo una pregunta: ¿qué medio de transporte público es mejor para ir desde el aeropuerto al centro de la ciudad?

Los primeros días quiero descansar en el hotel. Luego quiero vivir con una familia para aprender inglés más rápido y también va a ser más barato.

Raúl dice que usted también alquila una habitación, por eso quiero saber si puedo vivir en su casa. Y si puedo, ¿puede decirme si hay una estación de metro cerca de su casa? Porque tengo que ir a la universidad en metro.

Espero su respuesta.

Saludos cordiales,

Carolina

PREGUNTAS

1. En el texto, Carolina habla de...

   A) su casa en Londres.

   B) su plan de estudiar el año que viene.

   C) su familia.

2. En el texto, se dice que...

   A) la tía de Raúl vive en Londres.

   B) Carolina estudia inglés.

   C) Isabel vive en Londres desde hace poco.

3. Carolina dice que...

   A) el curso empieza en septiembre.

   B) ya tiene el billete de avión.

   C) va a tomar el metro para ir al centro de la ciudad.

4. En Londres Carolina quiere vivir...

   A) en un hotel.

   B) con una familia de allí.

   C) cerca de la universidad.

5. Para ir a la universidad, Carolina va a tomar...

A)   B)   C)

실전 문제 해설

PRUEBA 1: COMPRENSIÓN DE LECTURA #1

정답				
1	2	3	4	5
C	A	B	B	C

사랑하는 하비에르에게:

리마로부터 편지를 보내줘서 매우 고마워. 색색의 파라솔이 있는 사진이 아주 예쁘더라. 그 사진을 내 책상위에 놓았어.

나는 이번달에 이키케에 가는데 내 형제들과는 아니야. 왜냐하면 우리 언니는 일이 너무 많고 내 남동생은 11월에 시험이 있어서 여행 갈 시간이 없어.

그래서 나는 내 사촌 라우라와 여행을 가. 우리는 10월 15일에 떠나고 10월 29일에 돌아와. 그녀의 친구가 이키케에 집을 갖고 있어서 우리는 그곳에서 잘 수 있어.

거기는 많은 명소들이 있어. 사막들, 해변들, 산들, 그리고 공원들까지. 내 생각에 우리는 사막에 가서 체험들을 할 수 있을 것 같아. 매우 재미있어 보여. 그리고 우리는 차를 빌려서 우리가 모르는 몇몇의 마을들에 가 볼 생각이야.

이키케는 10월에 날씨가 매우 좋다고 해. 춥지도 덥지도 않고 말이야. 우리는 이키케를 즐길 수 있어.

너의 답장을 기다릴게.

키스를 보내며,

아나가

---

1. 이 글에서 말하길...

    A) 아나는 두 자매를 가지고 있다.

    B) 아나는 사진을 좋아하지 않는다.

    C) 하비에르는 리마에 있다.

체크 포인트 **이 텍스트에서 말하길**

정답 C) 본문의 〈tu carta desde Lima...〉 에서 너의 편지, 즉, 하비에르의 편지가 리마에서 보내졌다고 언급하고 있으므로 정답은 C) Javier está en Lima, 하비에르는 리마에 있다 가 정답이다.

오답 A) 본문의 〈porque mi hermana mayor tiene mucho trabajo y mi hermano menor tiene un examen; 왜냐하면 나의 언니는 일이 매우 많고 내 남동생은 시험이 있기 때문이야〉 문장에서 아나는 한 명의 자매와 한 명의 남자 형제를 가지고 있다고 나타내므로 정답이 아니다.

2. 아나의 남자 형제는 준비한다...
- A) 시험
- B) 일
- C) 여행

체크 포인트 **아나의 남동생이 준비하고 있는 것은?**

정답 A) 본문에서 〈mi hermano menor tiene un examen en noviembre...; 내 남동생은 11월에 시험이 있다〉 라고 언급하고 있으므로 정답은 A) un examen 시험이다.

3. 아나와 라우라는 이키케에 있을 것이다...
- A) 10일
- B) 2주
- C) 1개월

체크 포인트 **아나와 라우라가 이끼께에서 얼마나 있을 것인가?**

정답 B) 〈salimos el 15 de octubre y volvemos el 29 de octubre; 우리는 10월 15일에 떠나 10월 29일에 돌아온다〉 를 찾을 수 있고 즉, 여행기간은 14일 B) dos semanas 2주이다.

4. 이키케에서 아나와 라우라는 할 것이다...
- A) 공원을 산책하다
- B) 몇몇의 마을들을 방문하다
- C) 산에 오르다

체크 포인트 **이끼께에서 아나와 라우라가 할 것은?**

정답 B) 〈Pensamos alquilar un coche e ir a algunos pueblos que no conocemos; 우리는 차를 빌려서 우리가 모르는 몇몇의 마을들을 갈 생각이야〉 라고 언급하고 있으므로 B) visitar unos pueblos, 마을들을 방문한다 가 정답이다.

오답 A) 공원을 산책한다고 언급하고 있지 않다. C) 산을 오를 것이라 언급하고 있지 않다.

5. 10월 이키케의 날씨는?
- A) (비)
- B) (바람)
- C) (화창)

체크 포인트 **10월 이끼께의 날씨는?**

정답 C) 〈en octubre hace muy buen tiempo allí; 10월에 거기는 날씨가 매우 좋을거야. 라고 하고있으므로 정답은 C) 이다.

① 직접 목적어 형태와 사용

동사 뒤의 목적어는 직접 목적어 ~을/를로 해석된다. 이 직접 목적어가 반복될 시 우리는 이 목적어를 대명사로 바꿀 수 있다. 다음의 목적격 대명사 형태와 사용 위치를 기억해두자!

☑ 직접 목적격 대명사 형태

나를	me	우리를	nos
너를	te	너희를	os
그를 / 그것을	lo	그들을 / 그것들을	los
그녀를 / 그것을	la	그녀들을 / 그것들을	las

☑ 대명사 사용 위치

변형된 동사의 앞	원형 동사 뒤
Te veo. 너를 본다 Te quiero ver. 너를 보고싶다	Quiero verte. 너를 보고싶다

② 부정문의 나열

부정문에서의 나열은 y 가 아닌 ni를 사용한다. y와 같이 나열의 마지막에만 사용하는 것이 아니라 모든 나열에 ni가 붙는다.

긍정문에서 그리고 = y	부정문에서 그리고 = ni
Quiero manzana, pera y fresa. 나는 사과, 배, 그리고 딸기를 원해.	No quiero (ni) manzana ni pera ni fresa. 나는 사과도 배도 딸기도 원하지 않아.

다음의 어휘를 익혀 빠르게 정답을 찾아 보자!

✓ 날의 단위

일	el día
주	la semana
달	el mes
년 / 해	el año

하루	un día
일주일	una semana
한 달	un mes
일 년	un año

✓ 여행시 방문할 수 있는 장소

공원	el parque	바다	el mar
산	la montaña	사막	el desierto
해변	la playa	유적, 기념물	el monumento

✓ 날씨 표현

날씨가 덥다.	Hace calor.	날씨가 춥다.	Hace frío.
바람이 분다.	Hace viento.	날씨가 선선하다.	Hace fresco.
날씨가 좋다.	Hace buen tiempo.	날씨가 안 좋다.	Hace mal tiempo.
구름이 끼어 있다.	Está nublado.	날씨가 맑다.	Está despejado.
비가 내린다.	Llueve.	눈이 내린다.	Nieva.

PRUEBA 1: COMPRENSIÓN DE LECTURA #2

정답				
1	2	3	4	5
B	A	A	B	C

친애하는 이사벨 씨 에게:

제 이름은 카롤리나고 에콰도르 사람이며 23세입니다. 3년 전부터 대학교에서 국제 관계학을 공부하고 있어요. 그리고 내년에 저는 저의 학업을 계속하기 위해 런던에 가고 싶습니다. 당신의 조카 라울이 제 친구인데, 그가 말하길 오래전부터 당신이 런던에 사신다고 하더라고요. 그래서 제 생각에는 저를 도와주실 수 있을까 하여 이 글을 씁니다.

저는 아직 비행기표는 없습니다만 몇 주 후에 표를 살 생각입니다. 저는 그곳에 9월 전에 도착해야 해요. 왜냐하면 학기가 그 달 12일에 시작하기 때문이에요. 그런데 제가 질문이 하나 있어요: 어떤 대중교통이 공항에서 도심으로 가기 위해 더 나을까요?

처음 며칠은 호텔에서 쉬고 싶어요. 그리고 그 이후에는 영어를 더 빠르게 배우기 위해 또한 더 저렴할 것이므로, 한 가족과 살고 싶습니다.

라울이 말하기를 당신이 방을 렌트 하신다고 하더라구요. 그래서 저는 제가 그 곳에서 살 수 있는지를 알고 싶습니다. 그리고 가능하다면 당신의 집 근처에 지하철 역이 있는지 말해주실 수 있을까요? 왜냐하면 제가 지하철로 대학교에 가야하기 때문이에요.

당신의 답장을 기다립니다.

정중한 인사를 드리며,

카롤리나가

---

1. 이 글에서 카롤리나는 말한다...

    A) 런던에 있는 그녀의 집에 대해서

    B) 내년의 공부 계획에 대해서

    C) 그녀의 가족에 대해서

체크 포인트 **카롤리나가 말하길...**

정답 B) 본문에서 〈estudio relaciones internacionales en la universidad..., el próximo año quiero ir a Londres a seguir mis estudios; 대학에서 국제 관계를 공부하고 있으며... 내년에는 나의 학업을 계속하러 런던에 가고 싶다〉 라며 내년의 학업계획에 대해 이야기하고 있으므로 정답은 B)다.

오답 su casa 카롤리나의 런던 집에 대해 언급하지 않는다. C) su familia 그녀의 가족에 대해 언급하지 않으므로 정답이 아니다.

---

2. 이 글에서 말하길...

    A) 라울의 이모는 런던에 산다.

    B) 카롤리나는 영어를 공부한다.

    C) 이사벨은 얼마 전부터 런던에 살았다.

체크 포인트 **텍스트에서 말하길...**

정답 A) 〈su sobrino Raúl, que me dice que, ..., vive en Londres; 당신의 조카인 라울이 나에게 당신이 런던에 산다고 말하더라〉 를 찾을 수 있으므로 정답은 A) la tía de Raúl vive en Londres, 라울의 이모는 런던에 산다가 정답이다.

오답 B) Carolina estudia inglés, 본문에서 〈Desde hace tres años estudio Relaciones Internacionales en la universidad; 3년 전부터 대학교에서 국제 관계학을 공부하고 있어〉 라고 언급하므로 현재 카롤리나는 영어를 공부하지 않는다.

3. 카롤리나가 말하길...

    A) 학기는 9월에 시작한다.

    B) 이미 비행기 표를 가지고 있다.

    C) 도심에 가기 위해 지하철을 탈 것이다.

체크 포인트 **카롤리나가 말하길...**

정답 A) 〈Tengo que llegar allí antes de septiembre porque el curso va a empezar el 12 de ese mes; 나는 9월 전에 도착해야 해 왜냐하면 그 달의 12일에 학기가 시작하기 때문이야〉에서 그 달은 앞 문장의 9월을 나타내므로 정답은 A) 다.

오답 B) ya tiene el billete de avión. 이미 비행기표를 가지고 있다는 본문의 〈No tengo el billete de avión todavía; 아직 가지고 있지 않다〉와 정 반대이므로 정답이 아니다. C) 본문의 〈¿Qué transporte público es mejor para ir desde el aeropuerto al centro de la ciudad?; 어떤 대중교통이 공항에서 도심으로 가기 위해 더 나을까요?〉에서 알 수 있듯, 아직 어떤 교통수단을 탈지 결정하지 않았으므로 C) va a tomar el metro, 지하철을 탈것이다는 정답이 아니다.

4. 런던에서 카롤리나는 살고 싶어 한다...

    A) 호텔에서

    B) 그곳의 한 가족과 함께

    C) 대학교 근처에서

체크 포인트 **런던에서 카롤리나가 살고 싶은 곳은?**

정답 B) 〈quiero vivir con una familia; 그곳의 한 가족과 살고 싶다〉라 언급하므로 정답은 B)다.

오답 A) 본문에서 〈Los primeros días quiero descansar en el hotel. Luego quiero vivir con una familia; 첫 몇일은 호텔에서 쉬고 싶어. 그 후에는 그곳의 한 가족과 살고 싶어〉라고 언급하기 때문에 살고 싶은 장소로 호텔은 정답이 아니다. C) 〈¿puede decirme si hay una estación de metro cerca de su casa? Porque tengo que ir a la universidad en metro; 집 가까이에 지하철 역이 있는지를 이야기해 주실 수 있을까요? 왜냐하면 제가 지하철로 대학교에 가야하기 때문이에요〉라고 언급한다. 따라서 대학교 가까이에 있는 것을 묻는 것이 아니라 지하철 역 가까이에 있는 것을 묻고 있기 때문에 정답이 아니다.

5. 대학교에 가기 위해 카롤리나는 탈 것이다...

    A) (자동차)

    B) (버스)

    C) (지하철)

체크 포인트 **학교에 가기 위해 카롤리나가 탈 교통 수단은?**

정답 C) 〈tengo que ir a la universidad en metro; 지하철로 대학교에 가야한다〉고 언급하므로 정답은 C) metro 지하철이다.

다음의 어휘를 익혀 빠르게 정답을 찾아 보자!

☑ 교통 수단

Los medios de transporte 교통 수단			
버스	el autobús	기차	el tren
지하철	el metro	비행기	el avión
자전거	la bicicleta	오토바이	la moto

☑ '다음 + 날'을 언급할 때 사용하는 표현들 (여성, 남성에 주의!)

다음주	la próxima semana la semana que viene	다음달	el próximo mes el mes que viene
다음 금요일	el próximo viernes el viernes que viene	다음해(내년)	el próximo año el año que viene

Tarea 2
짧은 지문에 해당하는 텍스트 고르기

1 Tarea 유형

6~11번까지 총 6문제로 카탈로그, 포스터, 표지판, 공지사항 등 개인 및 공공 영역에 해당하는 짧은 9개의 텍스트를 읽고, 이후의 6개의 지문에 해당하는 텍스트를 선택하는 유형이다.

* **포인트** — 관공서, 마트, 병원 등의 공공 기관으로 부터 대중에게 전달하는 메세지를 보게 되므로, 다양한 영역의 어휘를 익히는 것이 필요하다.
  — 텍스트 A와 지문 0은 예시이므로 읽지 않아도 된다.

2 문제 공략법

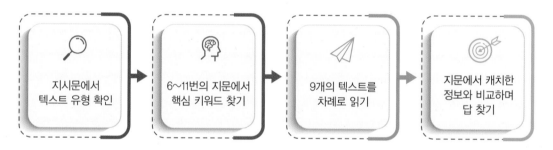

지시문에서 텍스트 유형 확인 → 6~11번의 지문에서 핵심 키워드 찾기 → 9개의 텍스트를 차례로 읽기 → 지문에서 캐치한 정보와 비교하며 답 찾기

① 지시문 확인

INSTRUCCIONES

Usted va a leer unos mensajes. Tiene que relacionar los mensajes (A - J) con las frases (de la 6 a la 11). Hay diez mensajes, incluido el ejemplo. Tiene que seleccionar seis.

→ 당신은 몇 가지의 메세지를 보게 된다. A부터 J까지의 메세지를 6번에서 11번까지의 문장과 연결해야 한다.
예시가 포함된 총 10개의 메세지가 있고 6개를 선택해야 한다.

Tiene que marcar las opciones elegidas en la **Hoja de respuestas**.

→ 선택한 옵션을 정답지에 표시해야 한다.

─── ☑ 정보 캐치 ───

텍스트들의 유형: 다양한 메세지들

읽을 필요 없는 예시 텍스트와 지문: 텍스트 A, 지문 0

Ejemplo:

Frase 0: No puedes pasar con el coche.

La opción correcta es la letra A, porque está prohibido pasar con vehículos.

0.   A■   B☐   C☐   D☐   E☐   F☐   G☐   H☐   I☐   J☐

② **지문 읽기**: 예시를 제외한 6번에서 11번까지의 지문을 읽으며 핵심 키워드를 체크한다.

③ **텍스트 읽으며 답 찾기**

먼저 읽은 지문의 핵심 키워드에 해당하는 텍스트를 찾아간다.

확실히 연결되는 텍스트는 미리 체크해 놓고 다음 지문의 답을 찾을 때 제외시킨다.

3 문제 풀이 팁

☑ 지시문에서 텍스트들의 유형만 파악하고 바로 문제로 넘어간다.

☑ 지문의 길이가 짧으므로 텍스트 읽기 전 미리 핵심 키워드를 찾아 놓은 후
텍스트를 읽으며 빠르게 답을 찾는다.

☑ 다양한 영역의 텍스트들이 등장하므로, 여러 영역의 어휘를 익혀 답의 정확도를 높인다.

INSTRUCCIONES

Usted va a leer unos mensajes. Tiene que relacionar los mensajes (A - J) con las frases (de la 6 a la 11).

Hay diez mensajes, incluido el ejemplo. Tiene que seleccionar seis.

Tiene que marcar las opciones elegidas en la **Hoja de respuestas**.

Ejemplo:

Frase 0: No puedes pasar con el coche.

La opción correcta es la letra A, porque está prohibido pasar con vehículos.

0.   A■   B☐   C☐   D☐   E☐   F☐   G☐   H☐   I☐   J☐

CALLE EN OBRAS
prohibido el paso de vehículos

A

Supermercado EL SOL

Ofertas del día:
Frutas de temporada a un 15% menos; uvas a tres euros el kilo.

B

Durante la función, no está permitida la entrada en la sala.

C

HORARIO DE VISITAS

Domingo: Cerrado
De lunes a jueves: de 11:00 a 20:00
Viernes y sábado: de 10:00 a 21:00

D

ATENCIÓN PASAJEROS

Billetes de tren expreso de Madrid a todos los lugares en las máquinas automáticas.

E

SERVICIOS DE USO EXCLUSIVO **PARA CLIENTES**	*PROHIBIDO PEGAR CARTELES*	*agenda* - pasear con perro - llamar al banco
F	**G**	**H**

Ojo *Solo se permite la entrada con billete.*	**ALQUILO PISO** 3 habitaciones, 2 baños perfecto para familia. Para más información, llamar al 924 1538.
I	**J**

	FRASES	MENSAJES
0.	No puedes pasar con el coche.	A
6.	Algunos son más baratos hoy.	
7.	Un día a la semana está cerrado.	
8.	Tienes que pagar para un evento.	
9.	Puedes ver esta información en una estación.	
10.	Solo los clientes pueden usarlos.	
11.	Alguien tiene que llamar a algún lugar.	

연습 문제 해설

PRUEBA 1: COMPRENSIÓN DE LECTURA

정답					
6	7	8	9	10	11
B	D	I	E	F	H

A: 공사중인 길, 차량의 통행이 금지된

B: 엘 솔 마트, 오늘의 특가: 계절 과일 15% 저렴; 포도는 키로당 3유로

C: 공연 동안에는 홀로 입장이 허용되지 않음

D: 방문 시간, 일요일은 닫음. 월요일에서 목요일은 11:00 부터 20:00 까지, 금요일과 토요일은 10:00에서 21:00까지

E: 승객분들은 주목, 마드리드에서 모든 장소로 가는 고속 기차의 표는 자동 판매기에서

F: 고객 전용 화장실

G: 포스터를 붙이는 것이 금지되어 있음

H: 일정, 강아지와 산책하기, 은행에 전화하기

I: 주의, 오직 입장권이 있어야만 입장이 가능하다

J: 아파트 임대, 3개의 방, 2개의 욕실, 가족에게 완벽. 더 많은 정보는 924 1538으로 연락할 것.

---

0. 치로 지나갈 수 없다.

정답 A) 차량의 통행이 금지된

6. 몇 가지는 오늘 더 저렴하다.

체크 포인트 más baratos, hoy; **더 저렴한, 오늘**

정답 B) Ofertas del día, 오늘의 특가에서 〈frutas de temporada a un 15% menos; 계절 과일이 15% 더 저렴하다〉고 이야기하므로 7)번의 지문과 일치한다.

7. 일주일에 한번 닫는다.

체크 포인트 Un día a la semana está cerrado; **일주일에 하루 닫는다**

정답 D) 〈domingo cerrado, 일요일은 닫는다〉 일주일 중 하루 닫기 때문에 7)번과 일치한다.

8. 행사를 위해서 비용을 지불해야 한다.

체크 포인트 pagar para un evento. **행사를 위해서 비용을 지불**

정답 I) 〈Solo se permite la entrada con billete; 입장권이 있어야만 입장이 허용된다〉 라고 하므로 입장권을 사야한다는 8)번의 지문과 일치한다.

9. 이 정보는 역에서 볼 수 있다.

체크 포인트 esta información, en una estación; **이 정보, 역에서**

정답 E) 〈pasajeros; 승객들〉과 〈billetes de tren; 기차표〉를 언급하고 있는 안내 E)가 기차 역에 있을 만한 정보이므로 9)번의 지문에 알맞다.

10. 오직 손님들만 그것들을 사용 할 수 있다.

체크 포인트 solo los clientes pueden usar; **오직 고객만 사용가능**

정답 F) 〈Servicios de uso exclusivo para clientes. 고객 전용 화장실〉 고객만 사용 가능한 화장실을 언급하므로 10)번 지문의 내용과 일치한다.

✅ 범위를 한정하는 다음의 단어들을 주목하여 문제 해결하자!
solo: 오직, 단지 / solamente: 오직, 단지 / exclusivo: 독점의, 전용의 / exclusivamente: 독점적으로

11. 누군가 어떤 장소로 전화해야 한다.

체크 포인트 llamar a algún lugar; **어떤 장소로 전화하기**

정답 H) Agenda는 메모, 일정의 의미를 가지고 있다. 〈llamar al banco; 은행에 전화하기〉의 일정을 나타내고 있으므로 11)번 지문과 일치한다.

▣ 어휘 플러스

Tarea 2의 문제 해결을 돕는 어휘를 숙지할 것!

공사중인	en obras	특가	las ofertas
금지된	prohibido	입장권, 입구	la entrada
허용된	permitido	전용의, 독점의	exclusivo
승객	el pasajero	수첩, 메모, 일정	la agenda
닫힌	cerrado	열린	abierto

INSTRUCCIONES

Usted va a leer unos mensajes. Tiene que relacionar los mensajes (A - J) con las frases (de la 6 a la 11).

Hay diez mensajes, incluido el ejemplo. Tiene que seleccionar seis.

Tiene que marcar las opciones elegidas en la **Hoja de respuestas**.

Ejemplo:

Frase 0: Quiere ir a la biblioteca.

La opción correcta es la letra A, porque dice que tiene que devolver libros a la biblioteca.

0.   A■   B☐   C☐   D☐   E☐   F☐   G☐   H☐   I☐   J☐

---

agenda

- Enviar las fotos del viaje a papá.
  - Devolver libros a la biblioteca.

A

OFERTA DE CARNE

Carne de Argentina
10€ / kilo
¡Mañana va a subir el precio!

B

Mañana, El martes,

*temperaturas entre 0 y 10 grados
con lluvias por la mañana.*

C

RECUPERACIÓN

No se puede usar el baño.
Hay que ir a otros edificios.

D

BUSCO A PERRITO

Nombre: CHICHI
Color: negro
Lugar de pérdida: Plaza de Ayuntamiento
Llamar al 673000087

E

Cámara de vigilancia está funcionando.

F

OFERTA DE ESTA SEMANA

PROMOCIÓN DE CHAMPÚ 2 X 1

G

Agenda

- Comprar el billete para Madrid.
- Pagar el alquiler.

H

Menú

Ensalada, Paella y Postre
Adultos: 15€
Niños: 10€

I

Buzón Teléfono
Lunes, 13, 08.29 h.
1 mensaje nuevo de 635 000 908
Llamar gratis al 100

J

	FRASES	MENSAJES
0.	Va a ir a la biblioteca.	A
6.	Quiere encontrar a su mascota.	
7.	Hay precios diferentes entre adultos y niños.	
8.	El martes hace mal tiempo.	
9.	No se puede ir al servicio.	
10.	Ahora puedes comprar carne a un precio más barato.	
11.	Puedes comprar dos productos por el precio de uno.	

INSTRUCCIONES

Usted va a leer unos mensajes. Tiene que relacionar los mensajes (A - J) con las frases (de la 6 a la 11).

Hay diez mensajes, incluido el ejemplo. Tiene que seleccionar seis.

Tiene que marcar las opciones elegidas en la **Hoja de respuestas**.

Ejemplo:

Frase 0: Ahora son más baratos.

La opción correcta es la letra A, porque antes eran de 28 euros y ahora son de 15 euros.

0.   A■   B☐   C☐   D☐   E☐   F☐   G☐   H☐   I☐   J☐

REBAJAS DE INVIERNO

** Bañadores **
Antes: 28€
Ahora: 15€

A

COMPAÑIA AÉREA

Por solo 20 euros puedes volar al sur de España.

B

Tiempo de esta semana

- De lunes a miércoles: Buen tiempo.
- De jueves a domingo: Lluvias.

C

CAFETERÍA VERDI

VACACIONES DE VERANO
El mes de agosto: del 1 al 31
Volvemos el primero de septiembre

D

E

Clases de matemáticas:
Todos los niveles.
Profesor profesional.
25 € / hora.

E

F

¡CUIDADO!
PISO MOJADO

F

G

AVISO IMPORTANTE

*Mañana, día 17, hace mucho
viento y nieva.
Tienen que dejar las ventanas
cerradas.*

G

H

SILENCIO
En toda la biblioteca

H

I

Agenda

- llamar al abuelo
- Ir a la tintorería a recoger la ropa.

I

J

AUDICIONES

Buscamos excelentes actores,
cantantes y bailarines.
Fecha: el día 14 de septiembre
Lugar: Teatro Nacional

J

	FRASES	MENSAJES
0.	Ahora son más baratos.	A
6.	No hay que hacer ruido.	
7.	No se puede ir en agosto.	
8.	Quiere llamar a alguien de su familia.	
9.	Buscan estudiantes.	
10.	Hace mal tiempo durante 4 días.	
11.	Hay que tener cuidado al caminar.	

PRUEBA 1: COMPRENSIÓN DE LECTURA #1

정답					
6	7	8	9	10	11
E	I	D	C	B	G

A: 메모, 아빠에게 여행 사진 보내기; 도서관에 책들을 반납하기

B: 고기 할인, 아르헨티나 고기 키로 당 10유로 ¡내일이면 가격이 오른다!

C: 수리, 화장실을 사용할 수 없음. 다른 건물로 가야함

D: 내일인 화요일 기온은 0도에서 10도 사이로 오전에 비가 있음

E: 강아지를 찾는다: 이름은 치치, 색은 검정, 잃어버린 장소는 시청 광장, 673000087로 전화

F: 감시 카메라 작동 중

G: 이번주의 특가, 샴푸 프로모션: 2개를 한개 가격에

H: 메모, 마드리드 행 티켓 살 것, 집세 낼 것

I: 메뉴, 샐러드, 파에야, 후식. 성인은 15유로, 아이들은 10유로

J: 음성 사서함, 13일 월요일, 오전 8시 29분. 635 000 908로부터의 새로운 메세지. 100번으로 무료로 전화

---

0. 도서관에 가고 싶다.

정답 A) 도서관에 책들을 반납하기

---

6. 자신의 반려동물을 찾고 싶다.

체크 포인트 encontrar a su mascota; 반려동물을 찾는다

정답 E) 〈busco a perrito; 강아지를 찾는다〉고 언급하고 있으므로 지문 6)과 일치한다.

---

7. 성인과 아이들 사이에 다른 가격이 있다.

체크 포인트 precios diferentes, adultos y niños; 다른 가격, 성인들과 아이들

정답 I) 〈adultos: 15€, niños: 10€; 성인들: 15유로, 아이들: 10유로〉, 성인과 아이의 메뉴 가격이 다름을 언급하므로 지문 7)번과 일치한다.

---

8. 화요일에는 날씨가 좋지 않다.

체크 포인트 el martes, mal tiempo; 화요일, 좋지 않은 날씨

정답 D) 〈el martes, con lluvias; 화요일, 비가 동반된〉이라고 언급하며 화요일의 날씨가 춥고 비가 올 것을 예보하고 있으므로 좋은 날씨가 아니다. 지문 8)번과 일치한다.

9. 화장실에 갈 수 없다.

체크 포인트 no, ir al servicio; 화장실에 갈 수 없다

정답 C) 〈no se puede usar el baño, 화장실을 이용할 수 없다〉 지문의 el servicio와 el baño는 동의어로 화장실을 의미하므로 9)번 지문과 일치한다.

10. 지금 더 적은 가격으로 고기를 살 수 있다.

체크 포인트 comprar carne, a un precio más barato; 고기를 사다, 더 저렴한 가격에

정답 B) 〈¡Mañana va a subir el precio!; 내일 가격이 오를 것이다!〉 내일 가격이 오른다는 것은 오늘 더 저렴한 가격으로 고기를 살 수 있다는 의미이므로 지문 10)번과 일치한다.

11. 두개의 상품을 하나의 가격에 구매할 수 있다.

체크 포인트 comprar dos productos por el precio de uno; 하나의 가격으로 두 개의 제품을 사다

정답 G) 〈Champú, 2x1〉 2 x 1는 스페인어로 dos por uno라고 읽는다. 이는 두개의 상품을 하나의 가격에 구매 가능하다는 것을 의미하기 때문에 11)번 지문과 일치한다.

◼ 문법 플러스

명사나 형용사의 마지막 모음을 대체하여 –ito, ita 를 붙이면 사물을 작고 귀엽게 표현하는 축소형을 만들 수 있다.

Ejemplos

어미의 모음 → ito/a			
적은	poco	아주 적은	poquito
작은	pequeño	아주 작은	pequeñito
개	perro	강아지	perrito
고양이	gato	새끼 고양이	gatito

◼ 어휘 플러스

날씨 표현에 해당하는 어휘들을 익혀 둘 것!

교통 수단

해, 태양	el sol	바람	el viento
구름	la nube	태풍	la tormenta
비	la lluvia	눈	la nieve
추위	el frío	더위	el calor

PRUEBA 1: COMPRENSIÓN DE LECTURA #2

A: 겨울 세일, 수영복, 이전에는 28유로, 현재는 15유로

B: 항공사, 단지 20유로로 스페인 남부로 날아갈 수 있다.

C: 이번주의 날씨, 월요일에서 수요일까지 좋은 날씨, 목요일에서 일요일까지 비.

D: 베르디 카페, 여름 휴가, 8월 1일부터 31일까지, 우리는 9월 1일에 돌아온다.

E: 수학수업, 모든 레벨, 전문 선생님, 시간당 25유로.

F: 주의! 젖어 있는 바닥.

G: 중요한 공고, 내일 17일에 바람이 많이 불고 눈이 온다. 창문을 닫을 것.

H: 정숙, 도서관 모든 곳에서.

I: 일정, 할아버지에게 전화하기, 옷 찾으러 세탁소 가기.

J: 오디션, 훌륭한 배우, 가수, 댄서를 찾는다. 날짜는 9월 14일이며 장소는 국립 극장이다.

---

0. 현재 더 저렴하다.

정답 A) 〈rebajas; 가격할인〉〈antes: 25 euros / ahora: 15 euros; 예전에 25유로로, 지금 15유로〉로 더 저렴해졌음을 알 수 있다.

---

6. 시끄럽게 해서는 안된다.

체크 포인트 No hay que hacer ruido; 소음을 내서는 **안된다**

정답 H) 〈Silencio, 정숙〉에서 알 수 있듯, 도서관 안에서 조용히 해야 한다는 안내가 6)번의 지문과 일치한다.

---

7. 8월에는 갈 수 없다.

체크 포인트 No, ir, en agosto; **8월에는 갈 수 없다**

정답 D) 〈vacaciones... el mes de agosto, 8월동안 휴가〉 8월 한달간 휴가를 가지고 9월 1일에 돌아온다는 D의 내용이 7)번의 지문과 일치한다.

---

8. 가족 중 누군가에게 전화하고 싶다.

체크 포인트 llamar a alguien de su familia; **가족 중 누군가에게 전화하고 싶다**

정답 I) 〈llamar al abuelo; 할아버지에게 전화하기〉 의 메모 내용이 지문 8)번과 일치한다.

9. 학생들을 찾는다.

체크 포인트 buscan estudiantes; 학생들을 찾는다

정답 E) 〈clase de matemáticas, profesor profesional; 수학 수업으로 전문 선생님〉이라고 언급하며 수업을 하기 위한 학생들을 찾고 있다는 내용이므로 9)번의 지문과 일치한다. J의 〈buscamos actores; 배우를 찾고있다〉는 같은 동사의 함정이다.

10. 4일동안 날이 좋지 않다.

체크 포인트 mal tiempo, 4 días; 4일간 좋지 않은 날씨

정답 C) 〈de jueves a domingo: lluvias; 목요일부터 일요일: 비〉에서 알 수 있듯이 목요일부터 일요일까지 총 4일에 비가 예상되기 때문에 10)번의 지문과 일치한다.

11. 걸을 때 주의해야한다.

체크 포인트 tener cuidado al caminar; 걸을 때 주의

정답 F) 〈piso mojado; 젖어 있는 바닥〉에서 볼 수 있듯 바닥이 젖어 미끄러우니 조심하라는 안내를 전달하므로 지문 11)번과 일치한다.

▣ 문법 플러스 ────────

자주 등장하는 희망, 의무, 가능 표현을 알아 둘 것!

① 희망: ～을 하고싶다
Querer + 동사원형: Yo quiero ir a España. ⇨ 나는 스페인에 가고 싶다.

② 의무: ～을 해야 한다
Tener que + 동사원형 & Hay que + 동사원형

특정한 주어가 있는 경우는 Tener que 구문을, 특정한 주어가 없이 일반적인 의무를 이야기 할 때는 무인칭의 Hay que 구문을 이용한다.

: Tengo que ir a la escuela mañana. ⇨ 나는 내일 학교에 가야해. (특정 주어: 나)

: Hay que dormir 8 horas. ⇨ 8시간을 자야 해. (특정주어: 없음, 일반적인 의무)

③ 가능: ～을 할 수 있다
Poder + 동사원형: ¿Puedes venir a mi casa mañana? ⇨ 내일 우리 집에 올 수 있어?

가족 관계의 어휘들은 필수!

남		여	
할아버지	el abuelo	할머니	la abuela
아버지	el padre	어머니	la madre
남편	el esposo el marido	아내	la esposa la mujer
삼촌	el tío	이모, 고모, 숙모	la tía
사촌	el primo	사촌	la prima
조카	el sobrino	조카	la sobrina
손자	el nieto	손자	la neta
아들	el hijo	딸	la hija
시아버지/장인어른	el suegro	시어머니/장모님	la suegra
사위	el yerno	며느리	la nuera

❖ *NOTA*

Tarea 3   인물들이 언급한 내용에 해당하는 공고 고르기

---

1 Tarea 유형

12~17번까지 총 6문제로, 브로셔, 광고, 카탈로그 등에서 가져온 9개의 짧은 광고문을 읽고, 이후의 6명의 인물이 언급한 내용의 광고문을 선택하는 유형이다.

* **포인트**   – 광고 A)와 지문 0)번은 예시이므로 읽지 않아도 된다.
               – 주로 광고문의 내용에 언급되는 다양한 주제에 대한 어휘를 알아 두어야 한다.

---

2 문제 공략법

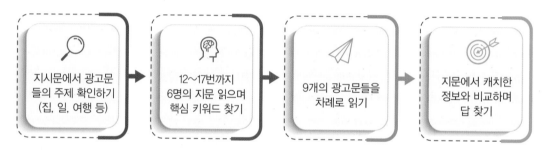

지시문에서 광고문들의 주제 확인하기 (집, 일, 여행 등) → 12~17번까지 6명의 지문 읽으며 핵심 키워드 찾기 → 9개의 광고문들을 차례로 읽기 → 지문에서 캐치한 정보와 비교하며 답 찾기

① 지시문 확인

INSTRUCCIONES

Usted va a leer unos anuncios informativos sobre casas. Tiene que relacionar los anuncios (A-J) con los textos (del 12 al 17). Hay diez anuncios, incluido el ejemplo. Seleccione seis.

→ 당신은 집에 대한 몇가지의 안내광고를 보게 된다. A부터 J까지의 광고를 6번에서 11번의 문장들과 연결해야 한다. 예시가 포함된 총 열 개의 메세지가 있고, 그 중 6개를 선택하시오.

Tiene que marcar la opción elegida en la **Hoja de respuestas**.

→ 선택한 옵션을 정답지에 표시해야 한다.

--- ☑ 정보 캐치 ---

안내 광고의 주제: 집

읽을 필요 없는 예시 광고와 지문: 광고 A, 지문 0

Ejemplo:

Texto 0: ....

La opción correcta es la letra A.

0.   A■   B☐   C☐   D☐   E☐   F☐   G☐   H☐   I☐   J☐

② **지문 읽기**: 예시를 제외한 12번에서 17번까지 6명의 인물이 언급한 내용을 읽으며, 핵심 키워드를 체크한다.

③ **광고문 읽으며 답 찾기**

먼저 읽은 지문의 핵심 키워드를 바탕으로 광고문들을 차례로 읽으며 답을 찾는다.
확실히 연결되는 키워드는 미리 표시해 두어 다음 지문의 답을 찾을 때 제외시킨다.

③ 문제 풀이 팁

☑ 6명의 인물이 언급한 내용을 읽으며 핵심 키워드를 잘 체크해 두어 빠르고 정확하게 광고문을 찾는다.
☑ 다양한 유의어를 익혀 두어 지문과 광고문 간의 답 연결을 빠르게 한다.

INSTRUCCIONES

Usted va a leer unos anuncios informativos sobre turismo en España. Tiene que relacionar los anuncios (A-J) con los textos (del 12 al 17). Hay diez anuncios, incluido el ejemplo. Seleccione seis.

Tiene que marcar la opción elegida en la **Hoja de respuestas**.

Ejemplo:

Texto 0: Queremos subir a la montaña e ir al museo.

La opción correcta es la letra A.

0.   A ■   B ☐   C ☐   D ☐   E ☐   F ☐   G ☐   H ☐   I ☐   J ☐

A	B	C	D	E
Bilbao	**Madrid**	**Palma de Mallorca**	**Granada**	**Barcelona**

A	B	C	D	E
Sabor, arte y naturaleza del norte de España. Museo de Guggenheim. Restaurantes de pinchos. Senderismo: Fáciles rutas por las montañas.	Hay una mezcla de gente de todo tipo y de cualquier lugar. Famosos museos como el Museo del Prado y el Museo Reina Sofía. El Parque del Retiro: relajarse en el gran parque. Visitar el Palacio Real.	Un encantador destino tanto cultural como costero. Para conocer la ciudad puedes ir caminando o en barco. Disfrutar de las cinco playas bonitas.	Maravillosa arquitectura de historia: La Alhambra. Es el monumento más visitado de España y al mismo tiempo es el Patrimonio Mundial de la UNESCO.	Abierta al mar Mediterráneo. El estadio de fútbol, Camp Nou. Muchos monumentos de Gaudí. Muchos turistas.

	F	G	H	I	J

Toledo	**Alcalá de Henares**	**Cáceres**	**Valencia**	**Pamplona**
Solo una hora desde Madrid. La catedral de Toledo, un templo católico de arquitectura gótica. El paisaje nocturno desde el mirador es fantástico.	Una ciudad de "Don Quijote de la Mancha", del autor Miguel de Cervantes. Visitar su casa natal, ahora es un museo. Visitar su universidad impresionante con siglos de historia.	Es de Extremadura. Poder ir caminando a cualquier lugar por sus estrechas calles sintiendo la antigüedad. Tiene uno de los cascos históricos más bonitos de España.	Paella frente a la playa; disfrutar de la paella auténtica. Visitar la ciudad de las Artes y las Ciencias de Valencia: exposiciones, visitas guiadas sobre la ciencia, la naturaleza y el arte.	Disfrutar de las fiestas de San Fermín. Una de las fiestas más grandes del mundo. Se celebra en Pamplona del 6 al 14 de julio.

	TEXTOS		
0.	Queremos subir a la montaña e ir al museo.		A
12.	Mis amigos y yo queremos ir de vacaciones en julio. Nos gusta ir a un evento famoso.		
13.	Voy a viajar con mis hijos. Quiero llevarlos a la ciudad del escritor más famoso de España.		
14.	Mi marido y yo necesitamos descansar junto al mar. O queremos relajarnos en yate.		
15.	Me encanta ver los partidos y visitar los lugares turísticos durante el viaje.		
16.	Vivimos en Madrid y queremos ir a una ciudad cercana. Vamos a volver a casa por la noche.		
17.	Yo estudio arte y siempre me gusta ir a museos conocidos para disfrutar y estudiar.		

PRUEBA 1: COMPRENSIÓN DE LECTURA

정답					
12	13	14	15	16	17
J	G	C	E	F	B

A. 빌바오: 스페인 북부의 맛, 예술, 그리고 자연. 구겐하임 박물관. 핀초 식당들. 하이킹: 산의 쉬운 코스들

B. 마드리드: 모든 유형의 그 어떤 장소의 사람들의 혼합이(뒤섞여) 있다. 프라도, 레이나 소피아와 같은 미술관들
　　　　 레티로 공원: 큰 공원에서의 휴식. 왕궁을 방문할 수 있다.

C. 팔마 데 마요르카: 문화적으로 뿐만 아니라 해안도 있는 매력적인 목적지. 도시를 알아보기 위해서는
　　　　 걸어서 또는 배로도 갈 수 있다. 예쁜 다섯개의 해변을 즐기다.

D. 그라나다: 역사의 환상적인 건축물: 알함브라. 스페인에서 가장 많이 방문 한 기념 장소이면서
　　　　 동시에 유네스코의 세계 문화 유산이다.

E. 바르셀로나: 지중해 바다로 트여 있는. 축구 경기장, 캄프 누. 수많은 가우디의 기념물들. 많은 관광객들.

F. 톨레도: 마드리드에서 오직 한시간, 톨레도의 성당은 고딕 건축물의 카톨릭 신전이다. 전망대에서 보는 야경이 환상적이다.

G. 알칼라 데 헤나레스: 작가 미겔 데 세르반테스의 "돈키호테 데 라 만차"의 도시. 현재는 박물관인 그의 생가를 방문한다.
　　　　 세기의 역사를 가진 알칼라 데 헤나레스의 멋진 대학을 방문한다.

H. 카세레스: 엑스트레마두라의 마을이다. 옛스러움을 느끼며 좁은 거리들을 통해 어디든 걸어 갈 수 있다.
　　　　 스페인에서 가장 아름다운 구시가지 중 하나를 가지고 있다.

I. 발렌시아: 해변 앞에서의 파에야: 정통 파에야를 즐길 수 있다. 발렌시아의 예술 과학 단지를 방문할 수 있다:
　　　　 과학, 자연 그리고 예술과 관련된 전시와 가이드 투어를 할 수 있다.

J. 팜플로나: 산 페르민 축제를 즐기다. 세계에서 가장 큰 축제들 중 하나이다. 7월 6일부터 14일까지 팜플로나에서 열린다.

0. 산을 오르고 박물관에 가고 싶다.

12. 내 친구들과 나는 7월에 휴가를 가고 싶다. 우리는 유명한 행사에 가는 것을 좋아한다.

체크 포인트　julio, nos gusta ir a un festival; 7월, 축제 가는 것을 좋아함

정답　J) Pamplona 광고문에서 〈disfrutar el festival San Fermín, se celebra... del 6 al 14 de julio; 산 페르민 축제를 즐기다, 7월에 열린다〉 라고 언급하고 있으므로 7월에 축제를 가고 싶은 12)번의 지문과 일치한다.

13. 나의 아이들과 여행할 것이다. 스페인에서 가장 유명한 작가의 도시로 그들을 데려가고 싶다.

체크 포인트　la ciudad del escritor más famoso de España: 스페인에서 가장 유명한 작가의 도시

정답　G) Alcalá de Henares 〈una ciudad...del escritor Miguel de Cervantes, visitar su casa natal; 미겔 데 세르반테스 작가의 도시, 그의 생가를 방문하다〉 돈키호테의 작가인 세르반테스는 스페인의 유명한 작가이며 그가 태어난 집을 방문할 수 있다고 언급하고 있기에 13)번의 지문과 일치한다.

14. 내 남편과 나는 조용히 바다 옆에서 쉬고 싶다. 우리는 요트를 타고 편안하게 쉬고 싶다.

체크 포인트 　necesitamos descansar junto a la playa, queremos tomar el barco;
　　　　　　우리는 바다 옆에서 쉬고 싶다, 요트를 타고 싶다

정답 　C) Palma de Mallorca의 광고문에서 〈disfrutar... las playas bonitas, puedes ir caminando o en barco; 예쁜 해변을 즐길 수 있다, 걸어서 또는 배를 타고 도시를 알아볼 수 있다〉 라고 하고 있으므로 14)번의 지문과 일치한다.

15. 나는 여행 동안 경기들을 보는 것과 관광 장소들을 방문하는 것을 매우 좋아한다.

체크 포인트 　me encanta ver los partidos; **나는 경기들을 보는 것을 매우 좋아한다**

정답 　E) Barcelona 광고문에서 〈El estadio de fútbol, Camp Nou; 축구 경기장, 캄프 누〉와 같이 축구 경기장을 언급하고 있으므로 운동 경기를 좋아하는 15)번의 지문과 일치한다. 또한 〈muchos monumentos de Gaudí; 가우디의 많은 기념물들〉을 통해 관광 명소에 대한 내용도 확인할 수 있다.

16. 우리는 마드리드에 살고 여기에서 가까운 도시로 가고 싶다. 저녁에 집으로 돌아올 것이다.

체크 포인트 　vivimos en Madrid, queremos ir a una ciudad cercana;
　　　　　　우리는 마드리드에 살고, 여기에서 가까운 도시로 가고 싶다

정답 　F) Toledo 〈solo una hora desde Madrid, 마드리드에서 오직 1시간〉 마드리드에서 가깝게 여행을 갈 수 있는 장소를 찾고 있는 16)번의 인물의 언급과 일치한다.

17. 나는 예술을 공부하고 그래서 즐기고 공부하기 위해 항상 유명한 박물관을 가는 것을 좋아한다.

체크 포인트 　estudio arte, me gusta ir a los museos conocidos; **예술을 공부하고, 유명한 박물관(미술관)을 가는 것을 좋아한다**

정답 　B) Madrid 〈Famosos museos como el Museo del Prado y el Museo Reina Sofía; 프라도 미술관과 레이나 소피아 미술관과 같은 유명한 미술관들〉 을 방문할 수 있는 마드리드가 17)번의 인물의 언급과 일치한다.

■ 어휘 플러스

☑ 관광 관련 어휘를 익혀 둘 것!

관광객	el/la turista	여행	el viaje
관광 장소	el lugar turístico	비행기	el avión
관광	el turismo	배	el barco
관광 안내소	la oficina de turismo	산	la montaña
박물관	la galería de arte	해변	la playa
미술관	el museo	바다	el mar
기념비, 기념물	el monumento	시골	el campo
가이드, 안내원	el / la guía	도시	la ciudad

INSTRUCCIONES

Usted va a leer unos anuncios informativos sobre turismo en España. Tiene que relacionar los anuncios (A-J) con los textos (del 12 al 17). Hay diez anuncios, incluido el ejemplo. Selccione seis.

Tiene que marcar la opción elegida en la **Hoja de respuestas**.

Ejemplo:

Texto 0: Somos una familia y queremos ir a un lugar en la montaña.

La opción correcta es la letra A.

0. A■ B☐ C☐ D☐ E☐ F☐ G☐ H☐ I☐ J☐

A	B	C	D	E
Casa en la montaña	**Piso en el centro**	**Estudio**	**Casa rural**	**Chalet**
Alquilo una casa en la montaña cerca de las pistas de esquí. 3 dormitorios, un salón grande y una plaza de garaje para 2 coches.	Alquilo un piso en el centro de la ciudad, bien comunicado. 2 dormitorios, 2 baños y una cocina con muebles.	Vendo un estudio en el centro. 1 habitación, baño y cocina. Está amueblado, es perfecto para una persona.	Vendemos una casa rural a 10 minutos de la estación de tren. 2 dormitorios, un salón grande, baño, garaje y jardín.	Vendo un chalet de dos pisos. Tiene 5 dormitorios, 2 baños, 1 aseo, jardín grande y garaje grande.

	F	G	H	I	J
	Casa de 100 años	**Casa en la playa**	**Piso para estudiantes**	**Casa nueva**	**Apartamento**

Vendo una casa de 100 años, necesita reformas. Zona histórica. 3 habitaciones, salón-comedor, cocina y baño.

Alquilo una casa en la playa. 3 dormitorios, salón-comedor, 2 cuartos de baño, terraza y piscina. Perfecta para familias y amigos.

Alquilo un piso para estudiantes. Muy cerca de la universidad. 5 habitaciones, 3 baños, salón grande y cocina. Camas, mesas y sillas en todas las habitaciones.

Vendo una casa completamente nueva. Exterior con mucha luz. 3 dormitorios, salón grande, 2 baños completos y cocina equipada. Amueblado.

Alquilo apartamento por semanas, para familias de vacaciones. Bien comunicado, se tarda 15 minutos en ir al centro. Barrio tranquilo.

	TEXTOS		
0.	Somos una familia y queremos ir a un lugar en la montaña.		A
12.	Soy estudiante universitario y necesito una habitación con cama y escritorio.		
13.	A mí me gusta viajar y no paso mucho tiempo en casa, así que busco un piso pequeño de una sola habitación.		
14.	Somos un grupo de amigos, en total somos 6 personas. Queremos alquilar una casa cerca del mar para pasar las vacaciones de verano.		
15.	No me gusta vivir en el centro de la ciudad. Mi esposo y yo queremos vivir en el campo.		
16.	Somos una gran familia. Queremos comprar una casa de dos pisos.		
17.	Mis padres y yo buscamos una casa recién construida. Y necesitamos al menos dos baños.		

INSTRUCCIONES

Usted va a leer unos anuncios informativos sobre restaurantes y cafeterías. Tiene que relacionar los anuncios (A-J) con los textos (del 12 al 17). Hay diez anuncios, incluido el ejemplo. Selccione seis.

Tiene que marcar la opción elegida en la **Hoja de respuestas**.

Ejemplo:

Texto 0: A mí me gusta comer la pizza los domingos.

La opción correcta es la letra A.

0. A ■ B ☐ C ☐ D ☐ E ☐ F ☐ G ☐ H ☐ I ☐ J ☐

A	B	C	D	E
Pizzería	**Comida tradicional**	**Churrería**	**Bar Divertido**	**Chiringuito**
Deliciosa pizza italiana. Tenemos una variedad de pizzas: carne, verduras, queso. Abierto de martes a domingo. Cerrado los lunes.	Ofrecemos un menú tradicional. Disfrutar de los platos de comida casera. Menú del día: 12€ Abrimos a las 12:00	Los mejores churros de la ciudad. Churros, helados y chocolate. Solo abrimos los fines de semana.	Disfrutar de deporte en el bar. Todos los tipos de deporte con gran pantalla de televisión. De miércoles a Domingo. De 15:00 a 24:00.	Comida y bebida en la playa. Hamburguesa, patatas y pasta. Perfecto después de bañarse. Todos los días 10:00 a 21:00 Martes cerrado

	F	G	H	I	J
	Sabroso	**Comida Rápida**	**Terraza**	**Restaurante Familia**	**Brunch Café.**

Muchos platos frescos para vegetarianos.
Menú del día.
(incluye bebida y postre)

HORARIO
Lunes a sábados
12:00 a 16:00

Hamburguesa, patatas y refrescos.
Ofrecemos comida rápida.
Perfecto para estudiantes y trabajadores.

De lunes a sábado
10:30 - 20:00

Café de calidad.
Amplio lugar con muchas mesas y sillas.
Cómodo y buen ambiente.
Perfecto para estudiar o trabajar.
Abiertos todos los días.

Comida y cena familiar.
Salas privadas para celebrar los días especiales.
Área de niños.

¡Llamar para reservar!

Almuerzo en una cafetería bonita.
Menú de almuerzo (incluye café).
Dulces, café, té y zumo.
Terrazas abiertas.

Abrimos
de 08:00 a 15:00

	TEXTOS		
0.	A mí me gusta comer pizza los domingos.		A
12.	Tengo dos hijos y quiero ir a un restaurante con una zona para niños.		
13.	Mis amigos y yo queremos tomar algo en la playa. Después de jugar en el agua, tenemos mucha hambre.		
14.	Busco una cafetería para trabajar con mi ordenador portátil. Además, quiero tomar un buen café.		
15.	Trabajo en la oficina y no tengo mucho tiempo para comer.		
16.	Me gusta ver los partidos de fútbol con mis amigos en el bar. Queremos tomar cervezas por la noche.		
17.	Yo no como carne. Busco un restaurante de platos de verduras. A mí me gusta el menú del día.		

PRUEBA 1: COMPRENSIÓN DE LECTURA #1

정답					
12	13	14	15	16	17
H	C	G	D	E	I

A. 산에 있는 집: 스키장 가까이의 산속 집을 임대한다. 3개의 방, 큰 거실, 두 대의 차를 위한 차고

B. 도심의 집: 도심에 있는 매우 교통이 편리한 집을 임대한다. 2개의 방, 2개의 욕실, 가구가 갖춰진 주방.

C. 스튜디오 (원룸): 중심가의 스튜디오를 판매한다. 1개의 방, 욕실 그리고 주방. 가구가 갖춰져 있고 한 명을 위해 완벽하다.

D. 시골 집: 기차역에서 10분 거리의 집을 판매한다. 2개의 방, 큰 거실, 욕실, 차고 그리고 정원.

E. 전원 주택: 2층의 전원 주택을 판매한다. 5개의 방, 2개의 욕실, 1개의 화장실, 큰 정원 그리고 큰 차고.

F. 100년의 집: 100년된 집을 판매한다. 개조가 필요하다. 역사적인 지역에 있다. 3개의 방, 거실 겸 식당.

G. 해변에 있는 집: 해변에 있는 집을 임대한다. 3개의 방, 거실—식당, 2개의 욕실, 테라스와 수영장. 가족이나 친구들에게 완벽한 집.

H. 학생들을 위한 집: 학생들을 위한 집을 임대한다. 대학교에서 매우 가깝다. 5개의 방, 3개의 욕실, 큰 거실과 주방. 침대, 책상 그리고 의자는 모든 방마다 있다.

I. 새집: 완전히 새 집을 판매한다. 햇빛이 많이 드는 외향 집. 3개의 침실, 큰 거실, 두개의 욕실 그리고 설비가 갖추어진 주방. 가구가 갖추어져 있다.

J. 아파트: 주단위로 휴가를 온 가족에게 아파트를 임대한다. 위치가 매우 좋고 도심으로 가는데 15분이 걸린다. 조용한 동네에 있다.

0. 우리는 가족이고 산에 있는 장소에 가고 싶다.

12. 나는 대학생이고 침대와 테이블이 있는 방이 필요하다.

체크 포인트　estudiante universitario, habitación con cama y mesa; 대학생, 침대와 책상을 가진 방

정답　H) 광고문의 〈piso para estudiantes, camas, mesas, sillas en todas las habitaciones; 학생을 위한 집, 모든 방에 침대, 책상, 의자〉 부분이 학생 12)번의 언급과 일치하므로 정답이다.

13. 나는 여행하는 것을 좋아하고 집에서 많은 시간을 보내지 않는다. 그래서 나는 방 하나의 작은 집을 찾는다.

체크 포인트　busco un piso pequeño de solo una habitación; 방 하나의 작은 집을 찾는다

정답　C) 〈un estudio, 1 habitación; 스튜디오, 한개의 방〉이 13)번의 지문과 부합한다.

14. 우리는 총 6명의 친구들 그룹이다. 여름 휴가를 보내기 위한 바다 근처의 집을 임대하고 싶다.

체크 포인트 amigos, 6 personas, alquilar una casa cerca de la playa para pasar las vacaciones de verano;
6명의 친구들, 여름 휴가를 보내기 위한 바다 근처 집을 임대하기를 원함

정답 G) 〈alquilo casa en la playa, perfecta para amigos; 해변의 집을 임대한다. 친구들에게 완벽하다〉 친구들끼리 휴가를 보내기 위해 해변가의 집 임대를 찾고 있는 14번의 지문과 일치한다.

15. 나는 도시 중심가에 사는 것을 좋아하지 않는다. 내 남편과 나는 시골의 장소에 살고 싶다.

체크 포인트 no me gusta el centro de la ciudad, queremos vivir en el campo;
도심에서 사는 것을 좋아하지 않음, 시골에서 살기를 원함

정답 D) 〈casa rural; 시골 집〉 도심이 아닌 시골 집을 찾고 있는 15)번의 지문과 부합한다.

16. 우리는 대가족이다. 2층짜리의 집을 사고 싶다.

체크 포인트 una gran familia, una casa de dos pisos; **대가족, 2층 집**

정답 E) 〈un chalet de dos pisos; 2층 전원 주택〉 대가족을 위한 2층 집을 원하는 16)번에 알맞은 광고문이다.

17. 나의 부모님과 나는 최근에 건축된 집을 찾는다. 최소 두개의 화장실이 필요하다.

체크 포인트 una casa recién construida; **최근에 건축된 집**

정답 I) 〈una casa completamente nueva; 완전히 새 집〉 그리고 〈2 baños; 2개의 화장실〉의 요구사항도 충족되므로 새로 지어진 집을 찾고 있는 17)번에 적합한 광고이다.

〈nuevo, 새로운〉 형용사는 명사의 앞과 뒤에 사용함에 따라 다른 의미를 가진다. 문제 풀이에 주의 하자!

nuevo + 명사	명사 + nuevo
새로운 + 명사 (새로 가지게 된)	명사 + 새로운 (새로 만들어진)
Es mi nueva casa.	Es una casa nueva.
내가 새로 이사한 집이야.	새로 지어진 집이다.

Tarea 3에 자주 출제되는 집과 관련된 어휘를 익혀 두어 문제 적중력을 높이자!

집	la casa	아파트, 층	el piso
주택	el chalet	시골 집	la casa rural
화장실	el aseo	스튜디오, 원룸	el estudio
방	la habitación	방, ~실	el cuarto
침실	el dormitorio	화장실	el baño
정원	el jardín	수영장	la piscina
시골	el campo	동네	el barrio
테라스	la terraza	거실	el salón
식당 (식사 공간)	el comedor	주방	la cocina
아파트	el apartamento	차고	el garaje
도시 중심가	el centro de la ciudad	욕실	el cuarto de baño

PRUEBA 1: COMPRENSIÓN DE LECTURA #2

정답					
12	13	14	15	16	17
I	E	H	G	D	F

A. 피제리아: 맛있는 이탈리안 피자. 우리는 다양한 피자를 가지고 있다:
고기, 야채, 치즈. 화요일부터 일요일까지 열려 있고 일요일은 닫는다.

B. 전통 음식: 전통 메뉴를 제공한다. 가정식 요리를 즐길 수 있다. 오늘의 메뉴는 12유로이고 12시에 연다.

C. 츄레리아: 이 도시의 최고의 츄러스. 츄러스, 아이스크림, 초콜렛. 주말에만 연다.

D. 즐거운 바: 바에서 스포츠를 즐기다. 모든 종류의 스포츠를 큰 티비 화면으로 볼 수 있다.
수요일부터 일요일까지 15시부터 24시까지이다.

E. 치링기토: 해변에서의 음식과 음료. 햄버거와 감자 그리고 파스타.
해수욕 한 후를 위해 완벽하다. 내일 10시부터 21시까지. 화요일은 휴무이다.

F. 맛있는 (곳): 채식주의자를 위한 많은 신선한 요리들.
오늘의 메뉴(음료와 후식이 포함된) 영업시간은 월요일에서 토요일까지 12시에서 16시까지이다.

G. 패스트 푸드: 햄버거, 감자 그리고 음료. 우리는 패스트 푸드를 제공한다. 학생들이나 직장인들에게 완벽하다.

H. 테라스: 품질이 좋은 커피. 많은 테이블과 의자가 있는 넓은 장소. 편안하고 좋은 분위기.
공부를 하거나 일하기에 완벽하다. 매일 열려있다.

I. 가족 식당: 가족 점심과 저녁. 특별한 날들을 기념하기 위한 사적인 공간도 있다.
아이들의 공간이 있다. 예약을 위해 전화해야 한다.

J. 브런치 카페: 예쁜 카페에서 점심을. 커피가 포함되어 있는 점심 메뉴. 디저트, 커피, 차 그리고 쥬스가 있다.
오픈 된 테라스들도 있다. 8시부터 15시까지 열려 있다.

0. 나는 토요일마다 피자를 먹는 것을 좋아한다.

12. 나는 두명의 아이들이 있다. 아이들이 있는 장소를 가진 식당을 가고 싶다.

체크 포인트 una zona para niños; **아이들을 위한 공간**

정답 I) 가족 식당 〈Área de niños; 아이들 구역〉 가족들을 위한 식당으로, 아이들을 위한 공간이 있으므로 12)번 지문에 일치한다.

13. 내 친구들과 나는 해변에서 무언가를 마시고 싶다. 물에서 놀고 난 후에는 우리는 배가 고프다.

체크 포인트 en la playa; **해변에서**

정답 E) 치링기토 〈comida y bebida en la playa, perfecto después de bañarse; 해변에서의 음식과 음료, 해수욕한 뒤 완벽한〉 해변에서 무언가를 먹고자 했던 13)번의 지문과 완벽히 일치한다.

14. 내 노트북으로 일하기위한 카페를 찾는다. 게다가 나는 맛있는 커피도 마시고 싶다.

체크 포인트 para trabajar, un buen café; 일하기 위한, 맛있는 커피

정답 H) 테라스 〈café de calidad, perfecto para trabajar; 품질 좋은 커피, 일하기 위해 완벽한〉 일을 할 만한 편한 카페라는 것을 알 수 있기 때문에 14)번의 지문에 부합하는 광고이다.

15. 나는 사무실에서 일하고 식사할 시간이 많이 없다.

체크 포인트 no tengo mucho tiempo para comer; 먹을 시간이 많이 없음

정답 G) 패스트 푸드 〈comida rápida, perfectos para estudiantes y trabajadores; 패스트 푸드, 학생들과 직장인들에게 완벽한〉 광고문에서 볼 수 있듯, 회사원이어서 식사를 할 시간이 많이 없는 15)번의 지문에 적합한 광고이다.

16. 나는 친구들과 바에서 축구 경기를 보는 것을 좋아한다. 우리는 밤에 맥주를 마시고 싶다.

체크 포인트 los partidos de fútbol, tomar cervezas por la noche; 축구경기, 밤에 맥주를 마시는 것

정답 D) 즐거운 바 〈disfrutar de deporte, de 15:00 a 24:00; 스포츠를 즐기고, 15시부터 24시까지〉 16)번 인물이 원하는 축구 경기를 밤까지 볼 수 있기 때문에 적합한 광고문이다.

17. 나는 고기를 먹지 않는다. 채소 요리들의 식당을 찾는다. 나는 오늘의 메뉴를 좋아한다.

체크 포인트 no como carne, verduras, menú del día; 고기를 먹지 않음, 야채, 오늘의 메뉴

정답 F) 맛있는 (곳) 〈platos para vegetarianos, menú del día; 채식주의자들을 위한 음식들, 오늘의 메뉴〉 고기를 먹지 않아 채소를 원하는 17)번의 지문에 적합한 광고문이다.

Tarea 4 여러 텍스트 읽고 각 질문에 알맞은 답 고르기

1 Tarea 유형

18~25번까지 총 8문제이며, 광고, 알림, 표지판, 티켓 등에서 가져온 짧은 텍스트들을 읽고 8개 문제의 답을 고르는 유형이다. 각 문제는 총 3개 보기로 이루어져 있다.

> * **포인트**　정보 성 글들에 포함된 세부적인 정보를 찾아내는 능력을 시험하기 위한 과제이므로, 광고, 공고, 알림 등 다양한 분야의 어휘들을 잘 숙지하고 있는 것이 필요하다.

2 문제 공략법

지시문에서
주제 캐치

→

18~25번 문제에서
핵심 키워드 찾기

→

문제 키워드에 해당
하는 텍스트 골라
읽으며 답 찾기

① 지시문 확인

INSTRUCCIONES

Usted va a leer **la información del cartel cultural** de una calle en Granada. A continuación, tiene que leer las preguntas (de la 18 a la 25) y seleccionar la opción correcta (A, B o C).

→ 당신은 그라나다 거리의 문화 포스터의 정보를 읽게 된다.
　계속해서 18번에서 25번까지의 질문을 읽고 A, B, C중 올바른 옵션을 골라야 한다.

Tiene que marcar la opción elegida en la **Hoja de respuestas**.

→ 선택한 옵션을 정답지에 표시해야 한다.

☑ 정보 캐치

문화 관련 정보들

---

② 18번부터 25번까지 문제를 읽으며 **핵심 키워드 체크**한다.

③ 찾아낸 핵심 키워드를 바탕으로 텍스트에서 **해당 내용 찾아내기**

예

18. El concierto empieza a las...
   A) 11 de la mañana.
   B) 8 de la tarde.
   C) 10 de la noche.

본문의 항목 중 CONCIERTO 확인
시간을 볼 수 있는 'Hora' 또는 'Horario' 항목에서
정답 찾아내기

AGENDA CULTURAL
EL MES DE MAYO

CONCIERTO	MÚSICA	HISTORIA	CINE	DEPORTE
LA BANDA SOL	*NOCHES DE FLAMENCO*	*CLASE DE HISTORIA*	*ENCUENTRO CON DIRECTORES*	*MEDIO MARATÓN*
El grupo más famoso de la región llega a la ciudad.	El festival de Flamenco va a empezar. Van a cantar, tocar la guitarra y bailar.	Pueden aprender la historia paseando por las zonas antiguas.	Vienen directos famosos a nuestra ciudad y presentan sus películas.	La competición vuelve a Granada, una de las más bonitas de España.
Lugar: Rocknrolla, Granada	**Lugar**: Cueva flamenca	**Lugar**: Albaicín	**Lugar**: Cine Central	**Lugar**: Paseo del Violón
	Fecha: Los días 26 y 27		**Fecha**: El día 13	**Fecha**: El día 5
Horario: Jueves a las 19 h. Sábados a las 17 h.	**Horario**: A las 20 h.	**Horario**: Viernes de 15 h a 17 h. Sábados y domingos de 11 h a 13 h.	**Horario**: A las 16 h.	**Horario**: 19 h.
Precio: 20 euros (incluye 1 bebida)	**Precio**: 13 euros, 1 noche 20 euros, 2 noches	**Precio**: Adultos 8 euros Niños 4 euros	**Precio**: Entrada gratuita	**Precio**: 19 euros

18. Los sábados el concierto empieza...
    A) más temprano.
    B) más tarde.
    C) a la misma hora.

19. No cuesta dinero ver...
    A) el concierto.
    B) el flamenco.
    C) a los directores del cine.

20. Para participar en el maratón, tienes que ir...
    A) el día 13.
    B) a las 7 de la tarde.
    C) a la zona Albaicín.

21. Los niños pagan menos para...
    A) entrar en el concierto.
    B) participar en el maratón.
    C) tomar clases de historia.

22. El festival de flamenco se celebra durante...
    A) un día.
    B) dos días.
    C) tres días.

23. El sábado a las 5 de la tarde puedes ver...
    A) el concierto.
    B) el flamenco.
    C) el maratón.

24. Los fines de semana a las 11 de la mañana empieza...
    A) el maratón.
    B) el encuentro con directores.
    C) la clase de historia.

25. Para participar en el maratón tienes que ir a...
    A) Paseo del Violón
    B) Rocknrolla, Granada
    C) Cine Central

연습 문제 해설

PRUEBA 1: COMPRENSIÓN DE LECTURA

정답							
18	19	20	21	22	23	24	25
A	C	B	C	B	A	C	A

▣ 문제 풀이 팁

☑ 각 문제에 해당하는 텍스트만 비교할 것

문화 일정 / 5월

콘서트 / 솔 밴드

지역의 가장 유명한 그룹이 우리 도시로 온다. / 장소: Rocknrolla, Granada / 시간: 목요일 19시, 토요일 17시 / 가격: 20유로 (음료 1개 포함)

음악 / 플라멩코의 밤들

플라멩코 축제가 시작할 것이다. 노래하고, 기타 연주하고 춤출 것이다. / 장소: Cueva flamenca / 날짜: 26일 27일 / 시간: 20시 / 가격: 13유로 1일, 20유로 2일

역사 / 역사 수업

오래된 지역을 산책하며 역사를 배울 수 있다. / 장소: Albaicín / 시간: 금요일 15시-17시, 토요일, 일요일 11시 ~ 13시 / 가격: 성인 8유로, 어린이 4유로

영화 / 감독들과의 만남

유명한 감독들이 우리 도시로 오고 그들의 영화들을 소개한다. / 장소: Cine Central / 날짜: 13일 / 시간: 16시 / 가격: 무료 입장

스포츠 / 하프 마라톤

스페인에서 가장 아름다운 경기들 중 하나인 마라톤 경주가 그라나다로 돌아온다. / 장소: Paseo del Violón / 날짜: 5일 / 시간: 19시 / 가격: 19유로

---

18. 토요일에 콘서트는 ... 시작한다

A) 더 일찍

B) 더 늦게

C) 같은 시간에

체크 포인트 el concierto, los sábados; 콘서트, 토요일

팁 **콘서트, 토요일** / 본문 중 CONCIERTO 보고 답 찾기

정답 A) más temprano 목요일은 오후 7시, 토요일은 오후 5시에 시작하므로 토요일이 더 빨리 시작한다.

19. ... 를 보는데 돈이 들지 않는다.

    A) 콘서트

    B) 플라멩코

    C) 극장의 감독들

체크 포인트 no cuesta dinero ver; 보는데 돈이 들지 않는다

    팁 **본문의 내용 중 Precio (가격) 보며 답 찾기**

정답 C) a los directores del cine: Cine지문의 Precio; 가격에서 〈entrada gratuita; 무료 입장〉을 찾을 수 있다.

20. 마라톤에 참여하기 위해서는 ...에 가야한다.

    A) 13일에

    B) 오후 7시에

    C) 알바이신

체크 포인트 el maratón, tienes que ir; 마라톤, 가야한다

    팁 MARATÓN 보고 답 찾기

정답 B) a las 7 de la tarde는 지문의 〈19 h〉와 같다.

21. 아이들은 ... 하기 위해서는 돈을 덜 지불한다.

    A) 콘서트에 들어가기

    B) 마라톤에 참여하기

    C) 역사 수업을 듣기

체크 포인트 los niños pagan menos; 아이들이 더 적게 낸다

    팁 Precio (가격) 부분 보며 답 찾기

정답 C) la clase de historia 성인과 아이의 가격이 다르고, 아이가 4유로 더 적게 낸다.

22. 플라멩코 축제는 ...동안 열린다

    A) 1일

    B) 2일

    C) 3일

체크 포인트 flamenco se celebra; 플라멩코가 열린다

    팁 Flamenco의 Fecha (날짜) 보고 답 찾기

정답 B) dos días 26, 27일로 총 이틀간 열린다.

23. 토요일 오후 다섯시에 ...를 볼 수 있다.

A) 콘서트를

B) 플라멩코를

C) 마라톤을

체크 포인트 el sábado a las 5; 토요일 오후 다섯 시에

팁 본문의 horario (시간표) 확인하며 답 찾기

정답 A) el concierto 토요일 다섯시에 볼 수 있는 것은 콘서트이다.

24. 주말 오전 11시에 ...이 시작한다...

A) 마라톤

B) 감독과의 만남

C) 역사 수업

체크 포인트 los fines de semana a las 11; 주말 오전 11시

팁 horario (시간표) 확인하며 답 찾기

정답 C) la clase de la historia 토요일 일요일 오전 11시에 시작한다.

25. 마라톤에 참여하기 위해 ... 로 가야한다.

A) 파세오 델 비올론

B) 로크롤라 그라나다

C) 씨네 센트랄

체크 포인트 para participar en maratón tienes que ir; 마라톤에 참여하기 위해 가야한다

팁 DEPORTE의 Lugar (장소)를 보며 답을 찾는다.

정답 A) 파세오 델 비올론 〈ir a + 고유명사의 정보〉를 묻고 있으므로 마라톤의 안내글 중 장소 정보를 찾으면 알 수 있다.

■ 어휘 플러스

Tarea 4에서 자주 등장하는 문화와 관련된 어휘들을 알아 두기!

문화	la cultura	콘서트	el concierto
행사	el evento	오케스트라	la orquesta
영화, 영화관	el cine	음악	la música
뮤지컬	el musical	춤	la danza
연극	la obra de teatro	박물관, 미술관	el museo
전시	la exposición	운동	el deporte

❖ *NOTA*

INSTRUCCIONES

Usted va a leer la información del folleto de cursos en el centro cultural.

A continuación, tiene que leer las preguntas (de la 18 a la 25) y seleccionar la opción correcta (A, B o C).

Tiene que marcar la opción elegida en la **Hoja de respuestas**.

CRUSOS DE VERANO para niños.
Del 1 al 28 de agosto

Danza	Inglés	Arte	Música	Taekwondo
Disfrutar de cursos de Baile Moderno, Hip Hop y Ballet con profesores profesionales.	Aprender inglés con profesores nativos y visitar Inglaterra durante 3 días.	Visitar museos de tres famosos artistas después de aprender historia del arte.	Aprender a tocar instrumentos: piano, guitarra y batería, e ir a conciertos.	Practicar Taekwondo desde el nivel básico.
Horario: Lunes y miércoles a las 10:00 h y a las 12:00 h.	**Horario:** Martes a las 11 h. Miércoles a las 16 h.	**Horario:** Sábado a las 13 h.	**Horario:** Miércoles, 17 h. Sábado, 11 h.	**Horario:** Lunes y jueves a las 18:00 h. Sábado a las 10:00 h.
Edad: De 4 a 10 años.	**Edad:** De 8 a 13 años.	**Edad:** De 5 a 13 años.	**Edad:** De 6 a 14 años.	**Edad:** De 3 a 12 años.
Precio: 40 euros	**Precio:** 30 euros	**Precio:** 35 euros	**Precio:** 25 euros	**Precio:** 35 euros
	Coste adicional del viaje.	Entradas gratuitas a museos.	Coste adicional de conciertos.	

18. El curso de danza es para los niños de...

    A) 3 años.

    B) 5 años.

    C) 12 años.

19. El sábado el curso de taekwondo empieza a las...

    A) 11 de la mañana.

    B) 6 de la tarde.

    C) 10 de la mañana.

20. En el curso de inglés, puedes ir a ...

    A) los museos.

    B) otro país.

    C) los conciertos.

21. El martes pueden ir al curso de...

    A) inglés.

    B) taekwondo.

    C) música.

22. Para el curso de arte, tienen que pagar...

    A) 35 euros.

    B) 30 euros.

    C) 25 euros.

23. Los niños de 14 años pueden ir al curso de...

    A) arte.

    B) música.

    C) danza.

24. Los martes el curso de inglés empieza...

    A) más temprano.

    B) más tarde.

    C) a la misma hora.

25. En el curso de música pueden tocar...

    A) el violín.

    B) la flauta.

    C) la guitarra.

INSTRUCCIONES

Usted va a leer la información en el apartado cultural de la web del Ayuntamiento de Getafe. A continuación, tiene que leer las preguntas (de la 18 a la 25) y seleccionar la opción correcta (A, B o C).

Tiene que marcar la opción elegida en la **Hoja de respuestas**.

AGENDA CULTURAL
en la ciudad Getafe
Mayo – Junio

EXPOSICIÓN	CONCIERTO	MÚSICA	LITERATURA	CINE
EXPOSICIÓN DE PINTURA INFANTIL	*CONCIERTO DE PIANO*	*ORQUESTA MUNDIAL*	*"LAS VOCES DE ADRIANA"*	*"LAS UVAS DE LA IRA." CINE CLUB*
Durante varios días puedes ver las obras del Aula de Pintura Infantil.	Un nuevo concierto de Piano de la Escuela Municipal de Música Maestro Gombau.	La gran orquesta mundial viene a nuestro barrio.	Elvira Navarro presenta al lector su mejor obra con esta novela.	Van a ver la película "las uvas de la ira" del director John Ford.
Fecha: 3 - 16 de junio	**Fecha:** 7 de junio	**Fecha:** 25 de mayo	**Fecha:** 14 de junio	**Fecha:** 11 de junio
Hora: 10:00 h.	**Hora:** 20:00 h.	**Hora:** 21:00 h.	**Hora:** 19:00 h.	**Hora:** 17:00 h.
Lugar: Sala de Exposiciones Lorenzo Vaquero	**Lugar:** Juan de la Cierva Centro	**Lugar:** Recinto Ferial	**Lugar:** Espacio Mercado	**Lugar:** Sala de Conferencias Ángel del Río
Precio: ENTRADA LIBRE	**Precio:** Adultos: 5 euros Estudiantes: 3 euros	**Precio:** 10 euros	**Precio:** ENTRADA LIBRE	**Precio:** 6 euros

18. A las 9 de la noche empieza...
    A) el concierto.
    B) la exposición.
    C) la música de orquesta.

19. La exposición abre ...
    A) el 25 de mayo.
    B) el 3 de junio.
    C) 14 de junio.

20. En mayo puedes ver...
    A) la película.
    B) la exposición.
    C) la orquesta.

21. Elvira Navarro presenta ...
    A) el libro.
    B) la exposición.
    C) la película.

22. Puedes ver el concierto a las
    A) 5 de la tarde.
    B) 8 de la tarde.
    C) 9 de la noche.

23. No cuesta dinero ver...
    A) el concierto.
    B) la orquesta.
    C) la exposición.

24. Para niños el precio del concierto...
    A) cuesta igual.
    B) es más barato.
    C) es más caro.

25. Puedes ver la exposición durante...
    A) solo un día.
    B) dos días.
    C) varios días.

PRUEBA 1: COMPRENSIÓN DE LECTURA #1

정답							
18	19	20	21	22	23	24	25
B	C	B	A	A	B	A	C

▣ 문제 풀이 팁

☑ 지시문 확인: 문화 센터에 있는 강좌 안내서의 정보

아이들을 위한 여름 강좌들 / 8월 1일부터 28일까지

댄스 / 현대무용과 힙합과 발레의 강좌에서 전문 선생님들과 즐긴다.

　시간: 월요일 수요일 오전 10시, 12시 / 나이: 4세부터 10세 / 가격: 40유로

영어 / 원어민 선생님들과 영어를 배우고 3일간 영국을 방문한다.

　시간: 화요일 오전 11시, 수요일 오후 4시 / 나이: 8세부터 13세 / 가격: 30유로 / 여행의 비용 추가

예술 / 예술사를 배운 후에 세명의 유명한 작가들의 미술관을 간다.

　시간: 토요일 오후 1시 / 나이: 5세부터 13세 / 가격: 35유로 / 미술관 입장 무료

음악 / 악기 연주하는 것을 배운다: 피아노, 기타, 드럼 그리고 공연에 간다.

　시간: 수요일 오후 5시, 토요일 오전 11시 / 나이: 6세부터 14세 / 가격: 25유로 / 콘서트 비용 추가

태권도 / 기초 레벨부터 태권도를 연습한다.

　시간: 월요일, 목요일 오후 6시, 토요일 오전 10시 / 나이: 3세부터 12세 / 가격: 35유로

---

18. 댄스 강좌는 ...세 아이들을 위한 것이다.

　　A) 3세

　　B) 5세

　　C) 12세

체크 포인트 danza, para los niños de; 댄스, 몇 살의 아이들에게

　　팁　Danza의 edad (나이) 보며 답 찾기

정답 B) 5 años 댄스 교실을 들을 수 있는 나이는 4세에서 10세 이므로 5세가 일치하는 정답이다.

19. 토요일에 태권도 강좌는 ...시에 시작한다.

    A) 오전 11시

    B) 오후 3시

    C) 오전 10시

체크 포인트 el sábado, el curso de taekwondo; 토요일, 태권도 강좌

팁 Taekwondo 강좌의 horario (시간표) 확인하여 답 찾기

정답 C) 10 de la mañana 토요일은 오전 열 시에 시작한다.

20. 영어 강좌에서 ... 로 갈 수 있다.

    A) 미술관들

    B) 다른 나라

    C) 공연들

체크 포인트 en el curso de inglés pueden ir a; 영어 강좌에서 갈 수 있는 장소

팁 Inglés 강좌를 확인하여 답 찾기

정답 B) Inglaterra 영어 교실의 내용중 〈visitar Inglaterra; 영국을 방문한다〉에서 확인 할 수 있다.

21. 화요일에 ...의 강좌에 갈 수 있다.

    A) 영어

    B) 태권도

    C) 음악

체크 포인트 el martes, pueden ir; 화요일에 갈 수 있다

팁 각 강좌들의 Horario (시간표) 부분을 비교하며 답 찾기

정답 A) inglés 영어 강좌는 화요일 11시에 시작한다.

22. 예술 강좌를 위해 ...를 내야한다.

    A) 35유로

    B) 30유로

    C) 25유로

체크 포인트 el curso de arte, pagar; 예술 강좌는 지불해야한다

팁 Arte의 Precio (가격) 부분 보며 답 찾기

정답 A) 35 euros

23. 14세의 아이들은 ...의 강좌에 갈 수 있다

    A) 예술

    B) 음악

    C) 댄스

체크 포인트   los niños de 14 años; 14살의 아이들

팁   **각 강좌의 Edad (나이) 부분 보며 답 찾기**

정답   B) música 음악 강좌의 대상 나이가 6세에서 14세 이므로 일치한다.

24. 화요일 영어 강좌는 ...에 시작한다.

    A) 더 일찍

    B) 더 늦게

    C) 같은 시간에

체크 포인트   los martes, el curso de inglés empieza; 화요일에 영어 강좌가 시작한다.

팁   **Inglés 강좌의 Horario (시간표) 보며 답 찾기**

정답   A) más temprano 영어 강좌는 화요일은 오전 11시, 수요일에는 오후 4시에 시작하므로 화요일에 더 일찍 시작한다.

25. 음악 강좌에서 ...를 연주할 수 있다.

    A) 바이올린

    B) 플루트

    C) 기타

체크 포인트   en el curso de música, tocar; 음악 강좌에서 연주한다

팁   **Música 강좌 본문 보며 답 찾기**

정답   C) guitarra 본문 내용에서 〈Aprender a tocar instrumentos: piano, guitarra y batería; 악기 연주하는 것을 배울 수 있음: 피아노, 기타, 드럼〉에서 강좌에서 연주하는 악기들을 찾을 수 있다.

▣ 어휘 플러스

☑ Tarea 4 문제 풀이를 위해 꼭 알아야하는 어휘

날짜	la fecha	열다	abrir
요일	el día	닫다	cerrar
시간 / 시간표	la hora / el horario	시작하다	empezar
장소	el lugar	끝나다	terminar
가격	el precio	열리다	celebrarse

■ 문법 플러스

☑ 시간 표현: 시간을 이야기할 때 사용하는 표현을 정확히 알아 둘 것!

① OO시에: A las OO
  - A las 11 de la mañana: 오전 11시에
  - A las 3 de la tarde: 오후 3시에

② 오전, 오후, 밤 시간을 언급 할 때
  - 오전: 시각 뒤 + de la mañana
  - 오후: 시각 뒤 + de la tarde
  - 밤 : 시각 뒤 + de la noche

예

El concierto termina a las 11 de la noche. 콘서트는 밤 11시에 끝난다.
El partido de fútbol empieza a las 2 de la tarde. 축구경기는 오후 두시에 시작한다.

정답							
18	19	20	21	22	23	24	25
C	B	C	A	B	C	B	C

☑ 문제 풀이 팁

☑ 지시문 확인: 헤타페 시 웹사이트의 문화 섹션에 있는 정보

☑ 지시문 포인트: 헤타페의 시청 홈페이지에서 문화란의 정보를 읽을 수 있다.

문화 일정 / 헤타페 도시의 / 5, 6월

전시 / 아이들 그림의 전시

　아이 그림 교실의 작품들을 수일간 볼 수 있다. / 날짜: 6월 3일 ~ 16일 / 시간: 10시
　/ 장소: Sala de Exposiciones Lorenzo Vaquero / 가격: 무료 입장

콘서트 / 피아노 공연

　마스터 곰바우 시립 음악 학교의 새로운 피아노 연주 / 날짜: 6월 7일 / 시간: 20시
　/ 장소: Juan de la Cierva Centro / 가격: 성인 5유로, 학생 3유로

음악 / 세계적 오케스트라

　위대한 세계적 오케스트라가 우리 동네에 온다. / 날짜: 5월 25일 / 시간: 21시
　/ 장소: Recinto Ferial / 가격: 10유로

문학 / "아드리아나의 목소리"

　엘비라 나바로가 이 소설로 독자들에게 자신의 최고의 작품을 소개한다. / 날짜: 6월 14일 / 시간: 19시
　/ 장소: Espacio Mercado / 가격: 무료 입장

영화 / "분노의 포도들" 시네클럽

　존 포드 감독의 "분노의 포도들"을 볼 것이다. / 날짜: 6월 11일 / 시간: 17시
　/ 장소: Sala de Conferencias Ángel del Río / 가격: 6유로

---

18. 저녁 9시에 ...가 시작한다

　A) 콘서트

　B) 전시

　C) 오케스트라 음악

체크 포인트　a las 9 de la noche empieza; 저녁 9시에 시작한다

팁　**각 항목의 hora (시간) 보며 답 찾기**

정답 C) la música de orquesta 콘서트가 시작하는 시간과 일치한다.

19. 전시는 ...에 열린다.

    A) 5월 25에

    B) 6월 3일에

    C) 6월 14일에

체크 포인트   la exposición abre; 전시가 열린다

    팁   EXPOSICIÓN의 fecha (날짜) 확인하여 답 고르기

정답 B) el 3 de junio

20. 5월에 ...를 볼 수 있다.

    A) 영화

    B) 전시

    C) 오케스트라

체크 포인트   en mayo, 5월에

    팁   Fecha (날짜) 보며 5월 찾기

정답 C) la orquesta 만 유일하게 5월에 볼 수 있다.

21. 엘비라 나바로는 ...를 소개한다.

    A) 책

    B) 전시

    C) 영화

체크 포인트   Elvira Navarro presenta; 엘비라 나바라는 소개한다

    팁   지문에 등장하는 인물 비교하며 찾기

정답 A) el libro 본문 LITERATURA에서 엘비라 나바라가 자신의 소설을 소개한다는 내용을 볼 수 있다.

22. 콘서트를 ...시에 볼 수 있다.

    A) 오후 5시

    B) 오후 8시

    C) 저녁 9시

체크 포인트   el concierto a las...; 콘서트를 ~시에 볼 수 있다

    팁   CONCIERTO의 hora (시간) 확인하여 답 고르기

정답 B) 8 de la tarde 오후 8시가 일치한다.

23. ...를 보는데 돈이 들지 않는다.

A) 콘서트

B) 오케스트라

C) 전시

체크 포인트   No cuesta dinero; 돈이 들지 않는다

팁   **각 항목의 precio (가격) 보며 답 찾기**

정답 C) la exposición 전시의 가격은 entrada libre, 무료 입장이므로 일치한다.

24. 아이들에게 콘서트의 가격은...

A) 가격이 같다

B) 더 저렴하다

C) 더 비싸다

체크 포인트   niños, el precio del concierto; 아이들의 콘서트 가격

팁   **CONCIERTO의 precio (가격)에서 확인하여 답 찾기**

정답 B) es más barato 성인이 5유로, 학생들이 3유로로 아이들은 학생들에 포함되기 때문에 가격이 더 저렴하다.

25. 전시를 ...동안 볼 수 있다.

A) 오직 하루

B) 이틀

C) 여러 날

체크 포인트   la exposición durante; 전시는 ~동안

팁   **EXPOSICIÓN의 fecha (날짜)부분을 확인하여 답 찾기**

정답 C) varios días 전시가 열리는 기간은 6월 3일에서 16까지로 수 일간 열리는 것을 확인할 수 있다.

❖ *NOTA*

Prueba

02

Comprensión auditiva

DELE A1 듣기 영역

DELE A1 듣기 시험 개요

❶ 시험 시간: 25분
❷ Tarea 수: 4개
❸ 문제 수: 25개

Tarea 1	짧은 대화문 듣고 알맞은 이미지 고르기	5 문제
Tarea 2	짧은 메세지를 듣고 해당 이미지 고르기	5 문제
Tarea 3	보기에 알맞은 지문 고르기	8 문제
Tarea 4	긴 대화문 듣고 지문의 빈칸에 알맞은 단어 고르기	7 문제

Tarea 1   짧은 대화문 듣고 알맞은 이미지 고르기

---

1 Tarea 유형 ────────────────────────────────────

1~5번까지 총 5문제로 일상에 관련된 예시를 제외한 5개 대화를 듣고 각 문제의 올바른 답을 고르는 유형이다. 각 문제는 총 3개의 보기로 이루어져 있으며, 모든 보기들은 이미지로 구성되어 있다.

2 문제 공략법 ────────────────────────────────────

질문 읽고 파악 → 이미지에서 키워드 예측 → 1차 정답 선택 → 두 번 듣고 정답 확인

① 지시문 해석

지시문은 매 시험마다 같으니 따로 체크할 사항은 없다.

INSTRUCCIONES

Usted va a escuchar cinco conversaciones. Hablan dos personas. Las conversaciones se repiten dos veces. Hay una pregunta y tres imágenes (A, B y C) para cada conversación.

→ 다섯 가지 대화를 듣게 될 것이다. 두 사람이 이야기한다. 대화는 두 번 반복된다.

　각 대화에는 하나의 질문과 세 개의 이미지(A, B, C)가 있다.

Tiene que seleccionar la imagen que responde a la pregunta.

Tiene que marcar las opciones elegidas en la Hoja de respuestas.

→ 질문에 답하는 이미지를 선택해야 한다. 답안지에 선택한 옵션을 표시해야 한다.

---

② 문제 해석하며 키워드 찾기

듣기 시험이 시작함과 동시에 1번 문제부터 해석하며 키워드를 찾는다.

1. ¿A qué hora come la mujer?

→ 여자는 몇 시에 식사를 하는가?

* 키워드 ☑ : ¿A qué hora...?

우리는 듣기 음성에서 여자가 밥을 먹는 시간에 집중해야 한다.

| A | B | C |

3 문제 풀이 팁

☑ 모든 음성은 두 번 반복

☑ 지시문에서 확인할 사항은 없음

☑ 남, 여 두 인물의 대화

☑ 0번의 예시 음성은 듣지 않기

☑ 듣기 중간에 몇 초씩 쉬는지 체크

☑ 각 Tarea 청취가 끝나면 바로 답안지에 마킹

4 Tarea 1 필수 어휘

☑ 옷에 관련된 어휘 알아 둘 것!

옷	la ropa	원피스	el vestido
티셔츠	la camiseta	후드 티	la sudadera
셔츠	la camisa	치마	la falda
바지	los pantalones	안경	las gafas
양말	los calcetines	모자	la gorra
신발	los zapatos	중절모	el sombrero
굽이 있는 구두	los zapatos de tacón	가방	el bolso
운동화	las zapatillas deportivas	책가방	la mochila

5 Tarea 1 빈출 질문

몇 시에...?	¿A qué hora... ?	어디에...?	¿Dónde...?
누구인가?	¿Quién es / ¿Quiénes son...?	어디로...?	¿Adónde...?
언제?	¿Cuándo...?	어떤 장소...?	¿Qué lugar...?
어떻게 가는가?	¿Cómo va...?	어떤 장소로...?	¿A qué lugar...?
날씨가 어떤가?	¿Qué tiempo hace?	어떤 옷을 입고 있는가?	¿Qué ropa lleva?

MP3
음성 듣기

INSTRUCCIONES

Usted va a escuchar cinco conversaciones. Hablan dos personas. Las conversaciones se repiten dos veces. Hay una pregunta y tres imágenes (A, B y C) para cada conversación. Usted tiene que seleccionar la imagen que responde a la pregunta.

Tiene que marcar las opciones elegidas en la **Hoja de respuestas**.

Ahora va a escuchar un ejemplo.

0. ¿A qué hora empieza la película?

A   B   C

La opción correcta es la letra **C**.

0.   A ☐   B ☐   C ■

1. ¿Qué tiempo hace ahora?

A   B   C

2. ¿A dónde van de vacaciones?

A

B

C

3. ¿Quién es el hermano de Pedro?

A

B

C

4. ¿A qué lugar va el hombre ahora?

A

B

C

5. ¿Qué busca el hombre?

A

B

C

PRUEBA 2: COMPRENSIÓN AUDITIVA

정답				
1	2	3	4	5
A	B	C	B	A

<table>
<tr><td>

[EJEMPLO]

[2 segundos]

Ahora va a escuchar un ejemplo.

[2 segundos]

HOMBRE: ¡Hola!

MUJER: Llegas tarde. Ya sabes que la película empieza a las siete.

¿A qué hora empieza la película?

[2 segundos]

La opción correcta es la letra C.

[2 segundos]

Empieza la Tarea 1.

[5 segundos]

</td><td>

[예시]

[2초]

이제 여러분은 예시 문장을 듣게 됩니다.

[2초]

남성: 안녕!

여성: 너 늦었어. 영화가 7시에 시작하는 거 알잖아.

몇 시에 영화가 시작하나?

[2초]

정답은 C이다.

[2초]

Tarea 1 시작

[5초]

</td></tr>
</table>

1. H: ¿Vas a salir?

   M: Pues, la verdad, no lo sé. Ahora hace sol, pero parece que va a llover esta tarde.

   H: Entonces, tienes que llevarte el paraguas.

   ¿Qué tiempo hace ahora?

   [10 segundos]

   [Se repite la conversación 1.]

   [2 segundos]

   Seleccione la imagen.

   [5 segundos]

   남: 나갈거야?

   여: 그러니까... 실은 모르겠어. 지금은 해가 쨍쨍한데 오늘 오후에 비가 올 것 같아.

   남: 그럼 우산을 가져가.

   현재 날씨는?

   [10초]

   [반복 청취]

   [2초]

   이미지를 선택하시오.

   [5초]

   정답 A. 〈ahora hace sol; 지금은 해가 쨍쨍하다〉에서 현재 날씨를 알 수 있다.

2.

H: ¿Por qué no vamos a la montaña de vacaciones?

M: Yo prefiero la playa. También podemos visitar
la casa de los abuelos.

H: Sí, tienes razón. Hay que ahorrar. En la casa de
los abuelos no pagamos alquiler.

¿A dónde van de vacaciones?

[10 segundos]

[Se repite la conversación 2.]

[2 segundos]

Seleccione la imagen.

[5 segundos]

남: 우리 휴가 산으로 가는 게 어때?

여: 나는 해변이 좋아. 그리고 우리 할아버지 할머니 집에
방문할 수 있어.

남: 응, 네 말이 맞아. 절약해야지. 할아버지, 할머니 댁에서는
우리가 렌트 비를 절약하니까.

그들은 어디로 휴가를 가는가?

[10초]

[반복 청취]

[2초]

이미지를 선택하시오.

[5초]

정답 B. 여: 〈Yo prefiero la playa; 나는 해변이 좋아〉 해변에 대한 선호와,
남: 〈Sí, tienes razón; 네 말이 맞아〉라는 동의의 표현을 볼 수 있으므로 그들의 휴가지는 해변이라는 것을 알 수
있다.

3.

M: ¿Quiénes son los chicos de la foto?

H: Mi amigo Pedro y su hermano.

M: ¿Cuál de estos es Pedro?

H: Pedro tiene el pelo corto y lleva gafas. Su hermano tiene el pelo largo.

¿Quién es el hermano de Pedro?

[10 segundos]

[Se repite la conversación 3.]

[2 segundos]

Seleccione la imagen.

[5 segundos]

여: 사진의 남자들은 누구야?

남: 내 친구 페드로랑 그의 남자형제야.

여: 이중에 누가 페드로야?

남: 페드로는 짧은 머리에 안경을 쓰고 있어.
그의 남자형제는 긴 머리를 가지고 있어.

페드로의 형제는 누구인가?

[10초]

[반복 청취]

[2초]

이미지를 선택하시오.

[5초]

정답 C. 〈Su hermano tiene el pelo largo; 그의 형제는 긴 머리를 가지고있어〉에서 페드로의 형제의 머리 스타일을
확인할 수 있다.

4. H: ¿Dónde vas, Julia?

M: Voy al restaurante a comer, ¿te vienes?

H: No puedo. Tengo que ir al supermercado a comprar la comida.

M: Puedes ir más tarde...

¿A qué lugar va el hombre ahora?

[10 segundos]

[Se repite la conversación 4.]

[2 segundos]

Seleccione la imagen.

[5 segundos]

남: 어디가, 훌리아?

여: 나 밥먹으러 식당에 가. 너도 갈래?

남: 아니 못 가. 나 음식 사러 마트 가야해.

여: 나중에 갈 수 있잖아...

남자는 지금 어디에 가는가?

[10초]

[반복 청취]

[2초]

이미지를 선택하시오.

[5초]

정답 B. ⟨tengo que ir al supermercado; 나 마트에 가야해⟩ 현재 남자가 가야하는 곳은 마트이다.

5. H: Sofía, ¿sabes dónde está mi mochila? No la veo por ningún lado.

M: No, no sé dónde está, pero, ¿por qué no miras debajo de la mesa?

H: Ahí solo tengo los libros.

¿Qué busca el hombre?

[10 segundos]

[Se repite la conversación 5.]

[2 segundos]

Seleccione la imagen.

[5 segundos]

Complete ahora la Hoja de respuestas.

[40 segundos]

남: 소피아, 내 책가방 어디 있는지 알아? 그게 어디에서도 안보여

여: 아니, 나 어디 있는지 몰라, 근데 테이블 아래는 봤어?

남: 거기는 책들만 있어.

남자가 찾는 것은?

[10초]

[반복 청취]

[2초]

이미지를 선택하시오.

[5초]

답안지에 마킹하시오.

[40초]

정답 A. ⟨¿sabes dónde está mi mochila?; 내 책가방 어디 있는지 알아?⟩에서 남자가 찾고 있는 것은 책가방인 것을 확인할 수 있다.

도착하다	llegar	임대, 임대료	el alquiler
나가다	salir	산	la montaña
비 오다	llover	안경	las gafas
그 어느 곳에서도	por ningún lado	마트	el supermercado
일리가 있다	tener razón	음식	la comida
지불하다	pagar	나중에, 후에	más tarde
절약하다	ahorrar	책가방	la mochila
데려가다, 가지고 가다, 입다	llevar		

Tarea 1 실전 문제 #1

MP3
음성 듣기

INSTRUCCIONES

Usted va a escuchar cinco conversaciones. Hablan dos personas. Las conversaciones se repiten dos veces. Hay una pregunta y tres imágenes (A, B y C) para cada conversación. Usted tiene que seleccionar la imagen que responde a la pregunta.

Tiene que marcar las opciones elegidas en la **Hoja de respuestas**.

Ahora va a escuchar un ejemplo.

0. ¿A qué hora termina el hombre de trabajar?

A

B

C

La opción correcta es la letra **A**.

0. A ■   B ☐   C ☐

1. ¿Qué lleva Laura?

A

B

C

2. ¿Dónde está el hombre ahora?

A

B

C

3. ¿A qué va a pedir el hombre?

A

B

C

4. ¿Qué tiempo va a hacer esta tarde?

A

B

C

5. ¿A qué hora van a quedar ellos?

A

B

C

97

MP3
음성 듣기

INSTRUCCIONES

Usted va a escuchar cinco conversaciones. Hablan dos personas. Las conversaciones se repiten dos veces. Hay una pregunta y tres imágenes (A, B y C) para cada conversación. Usted tiene que seleccionar la imagen que responde a la pregunta.

Tiene que marcar las opciones elegidas en la **Hoja de respuestas**.

Ahora va a escuchar un ejemplo.

0. ¿Qué lugar busca el hombre?

A

B

C

La opción correcta es la letra **B**.

0.   A☐   B■   C☐

1. ¿Qué come el hombre hoy?

A

B

C

2. ¿Quién es Gabriela?

A

B

C

3. ¿Qué lugar van a ir primero?

A

B

C

4. ¿Dónde va la mujer este sábado?

A

B

C

5. ¿Dónde va el hombre de vacaciones?

A

B

C

PRUEBA 2: COMPRENSIÓN AUDITIVA #1

정답				
1	2	3	4	5
C	C	B	A	B

[EJEMPLO] **M**UJER: ¿Cómo estás? **H**OMBRE: Estoy cansado. Son solo las 2 de la tarde y salimos del trabajo a las siete. ¿A qué hora termina el hombre de trabajar?	**[예시]** **여**성: 어때? **남**성: 나 피곤해. 지금 오후 두시밖에 안되었고 우리는 직장에서 일곱 시에 나가. 남자는 몇 시에 일을 끝내는가?

1. H: Laura, ¿por qué sales con las zapatillas deportivas? ¿No vas a la playa?

   M: No. Al final no voy a la playa. Voy a correr un rato por el parque.

   H: Ah, de acuerdo.

   ¿Qué lleva Laura?

   남: 라우라, 왜 운동화 신고 나가? 해변에 안가?

   여: 안가. 결국 나 해변 안가. 나 잠시 공원을 달릴 거야.

   남: 아, 알겠어.

   라우라는 무엇을 신고 있는가?

   정답 C. 남자가 ⟨¿por qué sales con las zapatillas deportivas?; 라우라, 왜 운동화 신고 나가?⟩라고 언급하므로 라우라가 지금 운동화를 신고 있다는 것을 확인할 수 있다.

2. H: Hoy voy a llegar a casa un poco tarde.

   M: ¿Por qué? Tú nunca llegas tarde.

   H: Porque tengo mucho trabajo que terminar. Creo que voy a comer un bocadillo aquí, en la oficina.

   M: Vale. Luego te veo en casa.

   ¿Dónde está el hombre ahora?

   남: 나 오늘 집에 조금 늦게 도착할 거야.

   여: 왜? 너는 절대 늦지 안잖아.

   남: 왜냐하면 끝내야 할 일이 너무 많아. 여기 사무실에서 샌드위치나 하나 먹어야 할 것 같아.

   여: 알겠어. 나중에 집에서 보자.

   남자는 지금 어디에 있는가?

   정답 C. ⟨Creo que voy a comer un bocadillo aquí en la oficina; 여기 사무실에서 샌드위치나 하나 먹어야 할 것 같아.⟩ 남자는 현재 사무실에 있다.

3.
H: ¿Qué vas a pedir, Laura?　　　　　　　남: 무엇을 주문 할거야, 라우라?

M: Yo prefiero un zumo de naranja.　　　여: 나는 오렌지 쥬스를 선호해.

H: Vale, yo, un café y una tarta.　　　　남: 알겠어. 나는 커피랑 케이크.

M: ¿Quieres algo más?　　　　　　　　여: 더 원하는 것 있어?

H: No. Gracias.　　　　　　　　　　　남: 아니, 고마워.

¿Qué va a pedir el hombre?　　　　　　남자는 무엇을 주문할 것인가?

정답 B. 〈Yo, un café y una tarta; 나는 커피와 케이크를 시킬 거야.〉 남자는 커피를 시킬 것이라는 것을 확인할 수 있다. 여자가 원하는 메뉴를 고르지 않도록 주의해야 한다.

4.
H: ¿Por qué no llevas la chaqueta?　　　남: 자켓을 입는게 어때? 날이 매우 추워
　　Hace mucho frío.

M: Ahora sí. Pero va a hacer mucho sol esta　여: 지금은 그렇지. 그런데 오후에 날이 화창할 거야.
　　tarde.

H: ¿De verdad? Pues yo tampoco voy a llevar　남: 정말? 그럼 나도 자켓 입지 말아야겠다.
　　la chaqueta.

M: Vale, como quieras.　　　　　　　　여: 그래, 너 원하는 대로 해.

¿Qué tiempo va a hacer esta tarde?　　　오늘 오후에 어떤 날씨일 것인가?

정답 A. 현재의 날씨가 아니라 오후의 날씨를 찾는 문제이므로 〈Pero va a hacer mucho sol esta tarde; 그런데 오후에 날이 화창할 거야〉 화창한 날씨가 정답이다.

5.
H: ¿Quieres venir a ver el partido de fútbol maña-　남: 내일 축구 경기 보러 올래?
　　na?

M: Sí, quiero ir contigo. ¿A qué hora quedamos, a　여: 응, 너와 함께 가고 싶어. 우리 몇 시에 만날까?
　　las nueve de la mañana?　　　　　　　　오전 아홉시?

H: No, es muy temprano. El partido empieza a las　남: 아니. 너무 일러. 경기가 열한시에 시작하니까
　　once así que vamos a quedar a las diez.　　　우리는 열 시에 만나자.

M: De acuerdo. Nos vemos mañana.　　　여: 좋아. 내일 보자.

¿A qué hora van a quedar ellos?　　　　그들은 몇 시에 만날 것인가?

정답 B. 〈así que vamos a quedar a las diez; 우리는 열 시에 만나자.〉 그들이 만나는 시간은 열 시이다.

■ 어휘 플러스

나가다	salir	주스	el zumo
요구하다, 주문하다	pedir	잠시	un rato
입다, 가져가다	llevar	알겠어, 동의해	de acuerdo
오다	venir	결국에는, 마지막은	al final
만나다	quedar	축구 경기	el partido de fútbol
절대, 한번도	nunca	스페인식 샌드위치 (바게트)	el bocadillo
차	el té	운동화	las zapatillas deportivas

PRUEBA 2: COMPRENSIÓN AUDITIVA #2

정답				
1	2	3	4	5
B	B	A	A	C

<table>
<tr><td>

[EJEMPLO]

Hombre: Perdón, una pregunta. ¿Dónde está el Museo Picasso?

Mujer: Puede encontrarlo en la calle Montcada.

Hombre: Muchas gracias. ¡Qué amable!

¿Qué lugar busca el hombre?

</td><td>

[예시]

남성: 실례합니다. 질문하나 할게요. 피카소 미술관은 어디에 있나요?

여성: 몬카다 길에서 찾을 수 있어요.

남: 매우 감사합니다. 정말 친절하시네요.

남자는 어떤 장소를 찾고있나?

</td></tr>
</table>

1.
M: ¿Vas a venir al restaurante a comer?

H: No, no tengo mucha hambre.

M: Pero tienes que comer algo para luego.

H: Sí, sí. Voy a comer un bocadillo en la oficina.

¿Qué come el hombre hoy?

여: 밥 먹으러 식당에 갈거야?

남: 아니, 나 배가 많이 안 고파.

여: 하지만 나중을 위해서 먹어야 해.

남: 응, 응. 나 사무실에서 샌드위치 먹을거야.

남자는 오늘 무엇을 먹나?

정답 B. 〈Voy a comer un bocadillo en la oficina; 나 사무실에서 샌드위치 먹을거야.〉 남자가 먹을 음식은 샌드위치이다.

2.
H: Hola, me llamo Jaime.

M: Hola, me llamo Gabriela. Encantada.

H: ¿Dónde trabajas tú?

M: Yo trabajo en un hospital. Soy médica.

H: ¡Qué bien! Yo trabajo en una cafetería.

¿Quién es Gabriela?

남: 안녕. 내 이름은 하이메야.

여: 안녕. 내 이름은 가브리엘라야. 만나서 반가워.

남: 너는 어디에서 일해?

여: 나는 병원에서 일해. 의사야

남: 좋다! 나는 카페에서 일해.

가브리엘라는 누구인가?

정답 B. 자신을 가브리엘라라고 소개한 여성의 음성에서 〈Yo trabajo en un hospital. Soy médica; 나는 병원에서 일해. 의사야.〉 라며 여성의 직업을 확인할 수 있다.

3. H: ¿Qué quieres hacer esta noche?

남: 오늘 저녁에 뭐 하고싶어?

M: No sé todavía. Ahora estoy muy aburrida y no quiero estar en casa.

여: 아직 모르겠어. 지금 매우 지루해서 집에 있고 싶지 않아.

H: ¿Por qué no vamos al cine a ver una película?

남: 영화 한편 보러 영화관 갈까?

M: Buena idea. Pero primero tenemos que cenar. Tengo mucha hambre.

여: 좋은 생각이다. 그런데 먼저 저녁 먹어야해. 나 배가 매우 고파.

H: Venga, vamos a ir al restaurante.

남: 좋아, 식당 가자.

¿A qué lugar van a ir primero?

그들은 먼저 어떤 장소로 갈 것인가?

정답 A. 남자의 음성에서 〈vamos a ir al restaurante; 좋아, 식당 가자〉라며 지금 먼저 갈 곳은 식당이라는 것을 확인할 수 있다.

4. M: ¿Vas a venir conmigo a la fiesta este sábado?

여: 이번주 토요일에 나랑 파티에 갈래?

H: Creo que no. Tengo que estudiar para un examen.

남: 나는 못 갈 것 같아. 시험을 위해 공부해야 해.

M: ¿Por qué no estudias el domingo?

여: 일요일에 공부하면 안돼?

H: El examen es el domingo. Tengo que ir a la escuela.

남: 시험이 일요일이야. 학교에 가야해.

¿Dónde va la mujer este sábado?

여자는 토요일에 어디에 갈 것인가?

정답 A. 찾아야 하는 답은 여자가 갈 곳이므로 〈¿Vas a venir conmigo a la fiesta este sábado?; 이번주 토요일에 나랑 파티에 갈래?〉에서 여자가 파티에 간다는 것을 찾을 수 있다.

5. M: ¿Vas a ir de vacaciones a la playa este verano?

여: 이번 여름에 해변으로 휴가 갈 거야?

H: No, mis amigos quieren ir a la montaña.

남: 아니. 내 친구들이 산에 가고 싶어해.

M: Ah, ¡qué bien! Yo pienso ir a la casa de mis padres. Ellos me echan mucho de menos.

여: 아, 잘됐다! 나는 부모님 댁에 갈 생각이야. 그들이 나를 너무 보고싶어 해.

¿Dónde va el hombre de vacaciones?

남자는 어디로 휴가를 갈 것인가?

정답 C. 〈No, mis amigos quieren ir a la montaña; 아니. 내 친구들이 산에 가고 싶어해〉 남자는 친구들이 산에 가고 싶어하기 때문에 산에 간다는 의견을 보이고 있다.

◼ 어휘 플러스

발견하다	encontrar	의사	el/la médico/a
길	la calle	휴가 가다	ir de vacaciones
장소	el lugar	산	la montaña
배고프다	tener hambre	그리워하다	echar de menos
～할 생각이다	pensar + 동사원형		

Tarea 2   짧은 메시지를 듣고 해당 이미지 고르기

---

1 Tarea 유형 ──────────────────────────────────

6~10번까지 총 5문제로 공공의 메세지 또는 공지와 같은 안내를 듣고, 각 메세지에 알맞는 이미지를
선택하는 유형이다. 예시를 제외한 **음성 메세지는 5개**, 보기 **이미지는 8개**이다.

2 문제 공략법 ──────────────────────────────────

① **지시문 해석**

지시문은 매 시험마다 같으니 따로 체크할 사항은 없다.

INSTRUCCIONES

Usted va a escuchar cinco mensajes. Cada mensaje se repite dos veces. Tiene que relacionar

las imágenes (de la A a la I) con los mensajes (del 6 al 10). Hay nueve imágenes, incluido el

ejemplo.

→ 5개의 메시지를 듣게 된다. 각 메시지는 두 번 반복된다.

   이미지(A에서 I까지)를 메시지(6에서 10까지)와 일치시켜야 한다. 예시를 포함하여 9개의 이미지가 있다.

Seleccione cinco.

Tiene que marcar las opciones elegidas en la Hoja de respuestas.

→ 그 중 5개를 선택하시오. 답안지에 선택한 옵션을 표시해야 한다.

---

② **이미지 보며 특징 찾기**

찾아 놓은 특징들을 잘 비교하며 메세지를 듣는다.

A   B   C

- ☑ 모든 음성은 두 번 반복
- ☑ 예시 음성, 예시 이미지 제외
- ☑ 지시문에서 확인할 사항은 없음

4 Tarea 2 필수 어휘

☑ 장소와 관련 된 어휘 익혀 두기

기차 역	la estación de tren	공원	el parque
지하철 역	la estación de metro	마트	el supermercado
버스 정류장	la parada de autobús	쇼핑몰	el centro comercial
택시 정류장	la parada de taxi	옷 가게	la tienda de ropa
버스 터미널	la terminal de autobús	과일 가게	la frutería
공항	el aeropuerto	생선 가게	la pescadería
호텔	el hotel	빵 가게	la panadería
식당	el restaurante	정육 가게	la carnicería
서점	la librería	도서관	la biblioteca
학교	la escuela	회사	la empresa
학교	el colegio	사무실	la oficina
대학교	la universidad	길	la calle
미술관, 박물관	el museo	주차장	el aparcamiento
아파트, 층	el piso	영화관	el cine
빌딩, 건물	el edificio	극장	el teatro
병원	el hospital	체육관, 헬스장	el gimnasio
약국	la farmacia	수영장	la piscina
카페	la cafetería		

MP3
음성 듣기

INSTRUCCIONES

Usted va a escuchar cinco mensajes. Cada mensaje se repite dos veces. Tiene que relacionar las imágenes (de la A a la I) con los mensajes (del 6 al 10). Hay nueve imágenes, incluido el ejemplo. Seleccione cinco.

Tiene que marcar las opciones elegidas en la **Hoja de respuestas**.

Ahora va a escuchar un ejemplo. Atención a las imágenes.

Mensaje 0: ¿Qué quieren pedir de primer plato?

La opción correcta es la letra **G**.

0. A☐ B☐ C☐ D☐ E☐ F☐ G■ H☐ I☐

	MENSAJES	IMÁGENES
0.	Mensaje 0	G
6.	Mensaje 1	
7.	Mensaje 2	
8.	Mensaje 3	
9.	Mensaje 4	
10.	Mensaje 5	

A

B

C

D

E

F

G

H

I

❖ *NOTA*

PRUEBA 2: COMPRENSIÓN AUDITIVA

정답				
6	7	8	9	10
H	B	A	I	E

[2 segundos] Ahora va a escuchar un ejemplo. Atención a las imágenes. [2 segundos] [MENSAJE 0] ¿Qué quieren pedir de primer plato? [5 segundos] La opción correcta es la letra G. [2 segundos] Empieza la Tarea 2. [5 segundos]	[2초] 이제 예시 문장을 듣게 된다. 이미지에 집중할 것. [2초] [메시지 0] 첫 번째 접시로 어떤 것을 원하시나요? [5초] 정답은 G이다. [2초] Tarea 2를 시작하시오. [5초]

6.

[Mensaje 1]

Tenemos que comprar la leche, ¿no? No queda en casa.

[10 segundos]

[Se repite el mensaje 1.]

[2 segundos]

Seleccione la imagen.

[5 segundos]

[메시지 1]

우리 우유 사야하지 않아? 집에 안 남았어.

[10초]

[반복 청취]

[2초]

이미지를 선택하시오.

[5초]

정답 H. 마트에서 물건을 고르는 고객

7.

[Mensaje 2]

Señores viajeros, el tren procedente de Sevilla con destino a Barcelona llega con retraso.

[10 segundos]

[Se repite el mensaje 2.]

[2 segundos]

Seleccione la imagen.

[5 segundos]

[메시지 2]

승객 여러분, 세비야에서 바르셀로나로 향하는 열차가 지연되어 도착합니다.

[10초]

[반복 청취]

[2초]

이미지를 선택하시오.

[5초]

정답 B. 승객들이 열차를 기다리는 승강장

8.

[Mensaje 3]

Mire. Allí al fondo está el lavabo del restaurante.

[10 segundos]

[Se repite el mensaje 3.]

[2 segundos]

Seleccione la imagen.

[5 segundos]

[메시지 3]

보세요. 저기 제일 안쪽에 이 식당의 화장실이 있습니다.

[10초]

[반복 청취]

[2초]

이미지를 선택하시오.

[5초]

정답 A. 길 안내

9.

[Mensaje 4]

Señoras y señores, silencio por favor. La obra del teatro va a empezar ya.

[10 segundos]

[Se repite el mensaje 4.]

[2 segundos]

Seleccione la imagen.

[5 segundos]

[메시지 4]

신사 숙녀 여러분, 조용히 해주시길 바랍니다. 연극이 이제 시작합니다.

[10초]

[반복 청취]

[2초]

이미지를 선택하시오.

[5초]

정답 I. (연극)극장의 오프닝 안내

10. **[Mensaje 5]**

¡Silencio! Vamos a empezar la clase.

[10 segundos]

[Se repite el mensaje 5]

[2 segundos]

Seleccione la imagen.

[5 segundos]

Complete ahora la Hoja de respuestas.

[40 segundos]

[메시지 5]

조용. 우리 수업을 시작하자.

[10초]

[반복 청취]

[2초]

이미지를 선택하시오.

[5초]

답안지에 마킹하시오.

[40초]

정답 E. 교실 안

◼ 어휘 플러스

남다	quedar	연극	la obra de teatro
전달하다	comunicar	화장실	el lavabo
비롯된, ~에서 오는	procedente	우유	la leche
조용!	* ¡Silencio!	여행객	el viajero
지연	el retraso		

* 〈조용!〉의 의미의 표현으로 자주 사용된다. 명사 silencio의 의미는 침묵, 정숙이다.

❖ NOTA

INSTRUCCIONES

Usted va a escuchar cinco mensajes. Cada mensaje se repite dos veces. Tiene que relacionar las imágenes (de la A a la I) con los mensajes (del 6 al 10). Hay nueve imágenes, incluido el ejemplo. Seleccione cinco.

Tiene que marcar las opciones elegidas en la **Hoja de respuestas**.

Ahora va a escuchar un ejemplo. Atención a las imágenes.

Mensaje 0: Perdón, ¿dónde hay una farmacia en esta calle?

La opción correcta es la letra **G**.

0.   A☐   B☐   C☐   D☐   E☐   F☐   G■   H☐   I☐

	MENSAJES	IMÁGENES
0.	Mensaje 0	G
6.	Mensaje 1	
7.	Mensaje 2	
8.	Mensaje 3	
9.	Mensaje 4	
10.	Mensaje 5	

A   B   C   D   E

F   G   H   I

MP3
음성 듣기

INSTRUCCIONES

Usted va a escuchar cinco mensajes. Cada mensaje se repite dos veces. Tiene que relacionar las imágenes (de la A a la I) con los mensajes (del 6 al 10). Hay nueve imágenes, incluido el ejemplo. Seleccione cinco.

Tiene que marcar las opciones elegidas en la **Hoja de respuestas**.

Ahora va a escuchar un ejemplo. Atención a las imágenes.

Mensaje 0: Aquí tiene la falda de otro color.

La opción correcta es la letra **E**.

0. A☐ B☐ C☐ D☐ E■ F☐ G☐ H☐ I☐

	MENSAJES	IMÁGENES
0.	Mensaje 0	E
6.	Mensaje 1	
7.	Mensaje 2	
8.	Mensaje 3	
9.	Mensaje 4	
10.	Mensaje 5	

A

B

C

D

E

F

G

H

I

PRUEBA 2: COMPRENSIÓN AUDITIVA #1

정답				
6	7	8	9	10
I	C	A	E	F

[Mensaje 0] Perdón, ¿dónde hay una farmacia en esta calle?	**[메시지 0]** 실례합니다. 이 길에 어디에 약국이 있나요?

6. **[Mensaje 1]**

Les recordamos que el museo se cierra a las seis de la tarde.

정답 I. 박물관 안내

[메시지 1]

미술관이 오후 여섯 시에 닫는다는 것을 여러분에게 알려드립니다.

7. **[Mensaje 2]**

Este es nuestro nuevo compañero. Va a empezar a trabajar mañana.

정답 C. 회사에서 새 동료 소개

[메시지 2]

이분이 우리의 새 동료입니다. 내일 일을 시작 할거에요.

8. **[Mensaje 3]**

Yo busco este vestido de otro color. ¿Me puedes ayudar?

정답 A. 옷가게에서 직원과의 대화

[메시지 3]

제가 다른 색상의 이 원피스를 찾는데요. 도와주실 수 있으세요?

9. **[Mensaje 4]**

Les recordamos que tienen que estar atentos a la hora de salida de su vuelo. En este aeropuerto no se realizan llamadas individuales.

정답 E. 공항 안내

[메시지 4]

여러분에게 다시 알려드립니다: 비행기 출발 시간을 주시하고 계셔야 합니다. 공항에서는 개인 연락을 드리지 않습니다.

10. **[Mensaje 5]**

Hola, buenas tardes. ¿Cuántos son?
¿Tienen reserva para hoy?

정답 F. 식당 직원과 손님들

[메시지 5]

안녕하세요, 좋은 오후입니다. 몇 명이세요?
오늘 예약이 있으신가요?

◼ 어휘 플러스

상기시키다	recordar	약국	la farmacia
닫다	cerrar	동료	el/la compañero/a
도와주다	ayudar	원피스	el vestido
주의하고 있다	estar atento	~할 때	a la hora de
하다	realizar	호출, 전화	la llamada
예약	la reserva	개인적인	individual

PRUEBA 2: COMPRENSIÓN AUDITIVA #2

정답				
6	7	8	9	10
H	B	F	C	D

[Mensaje 0] Aquí tiene la falda de otro color.	[메시지 0] 여기 다른 색의 치마가 있습니다.

6. **[Mensaje 1]**

Durante el día de hoy, pueden pasarse por nuestra sección de carne para ver nuestras fantásticas ofertas.

정답 H. 정육코너

[메시지 1]

오늘 하루동안 저희의 아주 좋은 특가들을 보기위해 정육 코너를 들르실 수 있습니다.

7. **[Mensaje 2]**

Les recordamos que mañana el centro comercial va a abrir una hora más tarde por ser festivo.

정답 B. 쇼핑몰 안내

[메시지 2]

여러분에게 알려드립니다: 내일 쇼핑몰이 휴일로 인해 한시간 더 늦게 엽니다.

8. **[Mensaje 3]**

La película va a empezar en unos minutos. Por favor, les pedimos poner en modo silencio sus teléfonos móviles. Muchas gracias.

정답 F. 영화관 안내

[메시지 3]

영화는 몇 분 안에 시작할 것입니다. 부탁드립니다. 여러분의 핸드폰을 무음 모드로 해주시길 바랍니다. 감사합니다.

9. **[Mensaje 4]**

No hay más espacio en esta planta del aparcamiento, así que hay que subir a la tercera planta.

정답 C. 주차장 안내

[메시지 4]

주차장 이번 층에는 더 이상의 자리가 없습니다. 그래서 3층으로 올라가야 합니다.

10. **[Mensaje 5]**

Mire, este es el billete de avión y aquí tiene su pasaporte. ¡Buen viaje!

[메시지 5]

자, 이것이 비행기 표입니다. 그리고 여권 여기 있습니다. 좋은 여행 되세요!

정답 D. 공항 카운터

◙ 어휘 플러스

~를 들러가다	pasarse por	코너, 섹션	la sección
상기시키다	recordar	고기	la carne
열다	abrir	쇼핑몰	el centro comercial
요청하다, 주문하다	pedir	공휴일	el festivo
올라가다	subir	무음 모드	el modo silencio
주차장	el aparcamiento	공간	el espacio
비행기 표	el billete de avión	층	la planta

Tarea 3 보기에 알맞은 지문 고르기

■ Tarea 유형

11~18번까지 총 8문제로 **8개의 보기 단어**에 알맞은 지문을 고르는 유형이다. 문제의 개수는 예시를 제외한 8개이며 **지문의 수는 예시를 제외한 11개**이다.

---

② 문제 공략법

지시문에서 주제 체크 → 예시 음성이 나오는 동안 A~L 지문 키워드 체크 → 11~18번의 보기 단어에 집중하여 음성 듣기

① 지시문 풀이 및 정보 캐치

Tarea 3이 시작함과 동시에 지시문에서 이야기의 주제를 체크한다.

INSTRUCCIONES

Usted va a escuchar a una chica, Lucía, que habla sobre sus compañeros de la clase de español.

→ 당신은 스페인어 수업 동료들에 대해 이야기하는 루시아의 말을 듣게 된다.
  * 주제 캐치: 루시아의 학급 친구들

La información se repite dos veces. A la izquierda están los nombres de los compañeros de Lucía. A la derecha, la información sobre ellos. Usted tiene que relacionar los números (del 11 al 18) con las letras (de la A a la L).

→ 정보는 두 번 반복된다. 왼쪽에는 루시아의 학급 친구들의 이름이 있다. 오른쪽에는 그들에 대한 정보가 있다.
  숫자(11~18)와 문자(A~L)를 연결시켜야 한다.

루시아 학급 친구들의 이름	X	학급 친구들의 정보

Hay doce letras, incluido el ejemplo. Seleccione ocho.

Tiene que marcar las opciones elegidas en la Hoja de respuestas.

→ 예시를 포함하여 12개의 지문이 있다. 그 중 8개를 선택하시오. 답안지에 선택한 옵션을 표시해야 한다.

---

② 예시 음성 재생 시

예시 음성을 듣는 동안 보기 지문들을 해석한다.

③ 보기 키워드와 지문 연결

왼쪽 보기 키워드들을 중심으로 들은 후 올바른 지문을 연결한다.

---

3 문제 풀이 팁

- ☑ 모든 음성은 두 번 반복
- ☑ 지시문에서 음성의 주제 체크
- ☑ 보기와 지문 모두 해석 필요
- ☑ 0번의 예시 음성은 듣지 않기

MP3
음성 듣기

INSTRUCCIONES

Usted va a escuchar a una chica, Lucía, que habla sobre sus compañeros de la clase de español. La información se repite dos veces. A la izquierda están los nombres de los compañeros de Lucía. A la derecha, la información sobre ellos. Usted tiene que relacionar los números (del 11 al 18) con las letras (de la A a la L).

Hay doce letras, incluido el ejemplo. Seleccione ocho.

Tiene que marcar las opciones elegidas en la **Hoja de respuestas**.

Ahora va a escuchar un ejemplo.

CHICA: Yo soy estudiante y estudio en una escuela de México. Tengo muchos compañeros de otros países, por ejemplo, Gabriela. Ella es venezolana.

La opción correcta es la letra **E**.

0. A☐ B☐ C☐ D☐ E■ F☐ G☐ H☐ I☐ J☐ K☐ L☐

0.	Gabriela	E	A	juega al tenis.
11.	Marie		B	conoce bien muchas canciones coreanas.
12.	Raquel		C	una vez a la semana cena en un restaurante.
13.	Noah		D	pasa las vacaciones en España.
14.	Francisco		E	es de Venezuela.
15.	Haruto		F	vive en México desde niño.
16.	Oliver		G	es sociable.
17.	Margarida		H	hace varios deportes.
18.	James		I	lee muchos libros.
			J	no habla bien el idioma.
			K	quiere ser cantante.
			L	vive en México por el trabajo de su familia.

❖ *NOTA*

PRUEBA 2: COMPRENSIÓN AUDITIVA

정답							
11	12	13	14	15	16	17	18
J	I	C	B	L	H	D	F

0.	가브리엘라	E		A	테니스를 한다.
11.	마리에			B	많은 한국 노래들을 잘 안다.
12.	라켈			C	금요일마다 식당에서 저녁을 먹는다.
13.	노아			D	스페인에서 휴가를 보낸다.
14.	프란시스코			E	베네수엘라 사람이다.
15.	하루토			F	어릴 때부터 멕시코에서 산다.
16.	올리버			G	사교적이다.
17.	마르가리다			H	다양한 스포츠를 한다.
18.	제임스			I	많은 책들을 읽는다.
				J	스페인어를 잘 하지 못한다.
				K	가수가 되고 싶어 한다.
				L	부모님의 일 때문에 멕시코에 산다.

[EJEMPLO]	[예시]
[2 segundos]	[2초]
Ahora va a escuchar un ejemplo.	이제 예시 문장을 듣게 된다.
[2 segundos]	[2초]
Yo soy estudiante y estudio en una escuela de México. Tengo muchos compañeros de otros países, por ejemplo, Gabriela. Ella es venezolana.	나는 학생이고 멕시코의 학교에서 공부해. 나는 다른 나라들의 반 친구들이 많이 있어. 예를 들어, 가브리엘라. 그녀는 베네수엘라 사람이야.
[5 segundos]	[5초]
La opción correcta es la letra **E**.	정답은 **E**이다.
[2 segundos]	[2초]
Empieza la Tarea 3.	Tarea 3를 시작하시오.
[5 segundos]	[5초]

11. Marie es francesa. Lleva un año aquí en México. Todavía no habla muy bien español, pero no tiene problemas para comunicarse.

마리에는 프랑스인이야. 여기 멕시코에 1년째 있어. 아직 스페인어를 아주 잘하지는 못하지만 소통하는데 문제는 없어.

[10 segundos]

[10초]

[Se repite el texto anterior.]

[반복 청취]

[2 segundos]

[2초]

Seleccione la letra correcta.

정답을 선택하시오.

[5 segundos]

[5초]

정답 J. 그 언어(스페인어)를 잘 하지 못한다.
마리에 – 〈no habla muy bien español; 스페인어를 잘 하지 못해〉

12. Tengo una compañera que se llama Raquel. No habla mucho en clase. Me parece que es un poco tímida. Siempre está en la biblioteca leyendo libros.

라켈이라는 친구가 한 명 있어. 수업시간에 말을 많이 하지는 않아. 내가 보기엔 그녀는 조금 소심한 것 같아. 항상 도서관에서 책들을 읽고 있어.

[10 segundos]

[10초]

[Se repite el texto anterior.]

[반복 청취]

[2 segundos]

[2초]

Seleccione la letra correcta.

정답을 선택하시오.

[5 segundos]

[5초]

정답 I. 많은 책들을 읽는다.
라켈 – 〈Siempre está en la biblioteca leyendo libros; 항상 도서관에서 책들을 읽고 있어〉

13. Tengo una compañera que es de Suiza, se llama Noah. Todos los viernes quedo con ella para cenar en el restaurante y tomar algo juntas.

나는 스위스에서 온 친구가 한 명 있어. 이름은 노아야. 금요일마다 식당에서 함께 저녁을 먹고 무언가를 마시기 위해 그녀를 만나.

[10 segundos]

[10초]

[Se repite el texto anterior.]

[반복 청취]

[2 segundos]

[2초]

Seleccione la letra correcta.

정답을 선택하시오.

[5 segundos]

[5초]

정답 C. 금요일마다 식당에서 저녁을 먹는다.
노아 – 〈Todos los viernes quedo con ella para cenar en el restaurante; 금요일마다 식당에서 함께 저녁을 먹기 위해 그녀와 만나〉

14. Francisco es colombiano. Es simpático y gracioso. Le gusta mucho el k-pop y nos enseña canciones coreanas. También baila muy bien.

프란시스코는 콜롬비아사람이야. 착하고 재미있어. 그는 케이팝을 좋아하고 우리에게 한국 노래들을 많이 알려줘. 또한 춤도 매우 잘 춰.

[10 segundos]

[10초]

[Se repite el texto anterior.]

[반복 청취]

[2 segundos]

[2초]

Seleccione la letra correcta.

정답을 선택하시오.

[5 segundos]

[5초]

정답 B. 많은 한국 노래들을 잘 안다.
프란시스코 – ⟨Le gusta mucho el k-pop y nos enseña canciones coreanas; 그는 케이팝을 좋아하고 우리에게 한국 노래들을 많이 알려줘⟩

15. Tengo un compañero japonés que se llama Haruto. Él vive en México porque sus padres trabajan aquí. Le gusta mucho ir al cine y ver películas.

나는 하루토 라는 일본 친구가 있어. 그는 부모님이 멕시코에서 일하고 있어서 여기에 살고 있어. 영화관 가고 영화 보는 것을 좋아해.

[10 segundos]

[10초]

[Se repite el texto anterior.]

[반복 청취]

[2 segundos]

[2초]

Seleccione la letra correcta.

정답을 선택하시오.

[5 segundos]

[5초]

정답 L. 부모님의 일 때문에 멕시코에 산다.
하루토 – ⟨Él vive en México porque sus padres trabajan aquí; 그는 부모님이 여기에서 일하시기 때문에 멕시코에 살아⟩

16. Oliver es de Inglaterra. Es deportista y es muy bueno jugando al fútbol. Además del fútbol, hace baloncesto y balonmano.

올리버는 영국사람이야. 체육을 하고 축구를 매우 잘해. 축구 이외에도 농구와 핸드볼을 해.

[10 segundos]

[10초]

[Se repite el texto anterior.]

[반복 청취]

[2 segundos]

[2초]

Seleccione la letra correcta.

정답을 선택하시오.

[5 segundos]

[5초]

정답 H. 다양한 스포츠를 한다.
올리버 – ⟨Además del fútbol, hace baloncesto y balonmano; 축구 이외에도 농구와 핸드볼을 해⟩

17. Margarida es portuguesa, pero habla muy bien español. Porque su padre es español. Por eso ella siempre pasa las vacaciones en la casa de sus abuelos en España.

마르가리다는 포르투갈사람이야. 그러나 스페인어를 매우 잘해. 왜냐하면 그의 아버지가 스페인 사람이거든. 그래서 그녀는 항상 스페인의 할머니 할아버지 댁에서 휴가를 보내.

[10 segundos]

[10초]

[Se repite el texto anterior.]

[반복 청취]

[2 segundos]

[2초]

Seleccione la letra correcta.

정답을 선택하시오.

[5 segundos]

[5초]

정답 D. 스페인에서 휴가를 보낸다.
마르가리다 - 〈ella siempre pasa las vacaciones en la casa de sus abuelos en España; 그녀는 항상 스페인의 할머니 할아버지 댁에서 휴가를 보내〉

18. James es estadounidense. Pero él vive aquí desde niño porque su madre es mexicana.

제임스는 미국사람이야. 그러나 그의 어머니가 멕시코인이라 어릴 때부터 여기 살고있어.

[10 segundos]

[10초]

[Se repite texto anterior.]

[반복 청취]

[2 segundos]

[2초]

Seleccione la letra correcta.

정답을 선택하시오.

[5 segundos]

[5초]

Complete ahora la Hoja de respuestas.

답안지에 정답을 마킹하시오.

[40 segundos]

[40초]

정답 F. 어릴 때부터 멕시코에서 산다.
제임스 -〈él vive aquí desde niño; 어릴 때부터 여기 살고 있어〉

■ 어휘 플러스

놀다, 경기를 하다	jugar	어린 시절부터	desde niño
~에 대해 알다	saber de	사교적인	sociable
저녁 먹다	cenar	소심한	tímido
소통하다	comunicarse	운동을 좋아하는	deportista
만나다	quedar	~을 잘하는	ser bueno en + 대상
~이외에도	además de	휴가를 보내다	pasar las vacaciones
시간을 보내다, 시간이 지나다	llevar + 시간		

MP3
음성 듣기

INSTRUCCIONES

Usted va a escuchar a un chico, Javier, que vive en un barrio de Madrid. Él habla sobre sus vecinos. La información se repite dos veces. A la izquierda están los nombres de los vecinos de Javier. A la derecha, la información sobre ellos. Usted tiene que relacionar los números (del 11 al 18) con las letras (de la A a la L).

Hay doce letras, incluido el ejemplo. Seleccione ocho.

Tiene que marcar las opciones elegidas en la **Hoja de respuestas**.

Ahora va a escuchar un ejemplo.

CHICO: Yo vivo en un barrio pequeño y tranquilo. Aquí tengo varios vecinos. Primero, tengo una vecina que se llama Marie, es de Francia, pero vive aquí por su trabajo.

La opción correcta es la letra **C**.

0. A☐ B☐ C■ D☐ E☐ F☐ G☐ H☐ I☐ J☐ K☐ L☐

			A	viaja mucho por otros países.
0.	Marie	C	B	se viste bien.
11.	Javier		C	trabaja en España.
12.	Alejandra		D	tiene un perro.
13.	Jordi		E	organiza fiestas a menudo en casa.
14.	Rosa		F	estudia en Madrid.
15.	Alex		G	va mucho de fiesta.
16.	Raúl		H	es médico y trabaja muchas horas.
17.	Carlos		I	es su amigo/a.
18.	Melissa		J	habla mucho.
			K	limpia mucho la casa.
			L	cocina muy bien.

MP3
음성 듣기

INSTRUCCIONES

Usted va a escuchar a una abogada, Sofía, que trabaja en Chile y habla de sus compañeros de la oficina de trabajo. La información se repite dos veces. A la izquierda están los nombres de los compañeros de trabajo. A la derecha, la información sobre ellos. Usted tiene que relacionar los números (del 11 al 18) con las letras (de la A a la L).

Hay doce letras, incluido el ejemplo. Seleccione ocho.

Tiene que marcar las opciones elegidas en la **Hoja de respuestas**.

Ahora va a escuchar un ejemplo.

CHICA: Hola, me llamo Sofía, trabajo en Chile y soy abogada. Les voy a presentar a mis compañeros. Primero, Mateo trabaja en nuestra oficina desde hace diez años.

La opción correcta es la letra **F**.

0. A☐ B☐ C☐ D☐ E☐ F■ G☐ H☐ I☐ J☐ K☐ L☐

0.	Mateo	F	A	es nueva en la oficina.
11.	Martín		B	es secretaria.
12.	Emilia		C	va a ir de viaje.
13.	Camila		D	mantiene la mesa limpia.
14.	Vicente		E	desayuna todos los días.
15.	Joaquín		F	trabaja en la oficina desde hace mucho.
16.	Josefa		G	vive cerca de la oficina.
17.	Alonso		H	atiende a clientes.
18.	Florencia		I	no trabaja mucho en la oficina.
			J	prefiere llegar temprano al trabajo.
			K	no quiere trabajar en la oficina.
			L	toma un té.

실전 문제 해설

PRUEBA 2: COMPRENSIÓN AUDITIVA #1

정답							
11	12	13	14	15	16	17	18
H	J	F	L	E	A	D	B

0.	마리에	C	A	다른 많은 나라를 여행한다.
11.	하비에르		B	옷을 잘 갖추어 입는다.
12.	알레한드라		C	스페인에서 일한다.
13.	조르디		D	강아지 한 마리를 가지고 있다.
14.	로사		E	집에서 자주 파티를 연다.
15.	알렉스		F	마드리드에서 공부한다.
16.	라울		G	파티에 많이 간다.
17.	카를로스		H	의사이고 많은 시간을 일한다.
18.	멜리사		I	그의 친구이다.
			J	말을 많이 한다.
			K	집 청소를 많이한다.
			L	요리를 매우 잘한다.

[EJEMPLO]	**[예시]**
Yo vivo en un barrio pequeño y tranquilo. Aquí tengo varios vecinos. Primero, tengo una vecina que se llama Marie, es de Francia, pero vive aquí por su trabajo.	나는 작고 조용한 동네에 살아. 여기 여러 이웃들이 있어. 먼저 마리에라고 불리는 이웃이 있어. 프랑스 사람인데 일 때문에 여기 살아.

11. Ese de ahí es mi vecino Javier. Él trabaja en un hospital y trabaja mucho. Por eso no está mucho en casa.

저기 저 사람이 내 이웃 하비에르야. 그는 병원에서 일하고, 많은 시간 일해. 그래서 집에 많이 없어.

정답 H. 의사이고 많은 시간을 일한다.

하비에르 – 〈Él trabaja en un hospital y trabaja mucho; 그는 병원에서 일하고, 많은 시간 일해〉

12. Esa señora es mi vecina Alejandra. La verdad es que es muy habladora y le gusta hablar con otros vecinos. A veces hablo con ella más de una hora.

내 이웃인 알레한드라야. 사실 말이 매우 많고 다른 이웃들과 이야기하는 것을 좋아해. 가끔씩 나도 그녀와 한 시간 이상 이야기를 해.

정답 J. 말을 많이 한다.

알레한드라 – 〈es muy habladora; 그녀는 말이 아주 많고〉

13. Jordi es mi vecino y mi amigo al mismo tiempo. Él es de Barcelona y ahora vive en Madrid por sus estudios.

조르디는 내 이웃이자 동시에 친구야. 그는 바르셀로나에서 왔는데 학업때문에 마드리드에 살고 있어.

정답 F. 마드리드에서 공부한다.

조르디 – 〈ahora vive en Madrid por sus estudios; 학업때문에 마드리드에 살고 있어〉

14. Tengo una vecina que se llama Rosa. Es amiga de mi madre y por eso ella me cuida bien. Ella cocina muy bien y siempre me invita a su casa a cenar.

로사라는 이웃이 있어. 우리 어머니 친구이고 그래서 그녀는 나를 잘 돌봐 주셔. 그녀는 요리를 매우 잘하고 항상 나를 그녀 집으로 저녁식사에 초대해 주셔.

정답 L. 요리를 매우 잘한다.

로사 – 〈Ella cocina muy bien; 그녀는 요리를 매우 잘해〉

15. Tengo un vecino joven. Se llama Alex y tiene 19 años. Le gusta mucho dar fiestas en su casa por eso a veces discute con otros vecinos por el ruido.

젊은 이웃이 한 명 있어. 이름은 알렉스이고 19살이야. 그는 집에서 파티를 여는 것을 좋아해. 그래서 소음때문에 다른 이웃들과 가끔씩 논쟁을 해.

정답 E. 집에서 자주 파티를 연다.

알렉스 – 〈le gusta mucho dar fiestas en su casa; 그녀는 집에서 파티를 여는 것을 좋아해〉

16. El que está en la calle es Raúl. No lo veo mucho en su casa porque le gusta viajar a otros países. Cuando va de viaje, su madre viene a su casa para limpiarla.

길에 있는 사람이 라울이야. 그는 다른 나라들로 여행가는 것을 좋아해서 집에서 잘 볼 수 없어. 그가 여행을 가면 그의 어머니가 집을 청소하러 그의 집에 와.

정답 A. 다른 많은 나라를 여행한다.

라울 – 〈le gusta viajar a otros países; 그는 다른 나라들로 여행가는 것을 좋아해〉

17. Ese señor es mi vecino Carlos. Por las tardes siempre pasea con su perro, Chichi.

저 신사분이 내 이웃 카를로스야. 오후에 항상 그의 강아지 치치와 함께 산책을 해.

정답 D. 강아지 한 마리를 가지고 있다.

카를로스 – 〈siempre pasea con su perro; 항상 그의 강아지와 산책해〉

18. Tengo una vecina que se llama Melissa. Es brasileña y siempre lleva ropa muy elegante. Creo que tiene mucha ropa en su armario.

멜리사라는 이웃이 있어. 브라질 사람이고 항상 매우 우아한 옷을 입고 다녀. 내생각엔 그녀의 옷장에는 옷이 매우 많을 것 같아.

정답 B. 옷을 잘 갖추어 입는다.

멜리사 – 〈siempre lleva ropa muy elegante; 항상 매우 우아한 옷을 입고 다녀〉

◾ 어휘 플러스

여행하다	viajar	다른	otro
옷을 갖춰 입다	vestirse	이웃	el/la vecino/a
파티에 가다	ir de fiesta	말이 많은	hablador
청소하다	limpiar	동시에	al mismo tiempo
요리하다	cocinar	옷장	el armario
초대하다	invitar	학업	el estudio
신경 쓰다, 보살피다	cuidar	논쟁하다, 싸우다	discutir

정답							
11	12	13	14	15	16	17	18
J	C	A	G	H	E	D	I

0.	소피아	F	A	사무실에 새로 온 사람이다.
11.	마틴		B	비서이다.
12.	에밀리아		C	여행을 갈 것이다.
13.	카밀라		D	책상을 깨끗하게 유지한다.
14.	비센테		E	매일 아침식사를 한다.
15.	호아킨		F	오래 전부터 사무실에서 일하고 있다.
16.	호세파		G	사무실 가까이에 산다.
17.	알론소		H	고객들과 일한다.
18.	플로렌시아		I	사무실에서 많이 일 하지 않는다.
			J	직장에 일찍 도착하는 것을 선호한다.
			K	사무실에서 일하기를 원하지 않는다.
			L	차를 마신다.

[EJEMPLO]

Hola, me llamo Sofía, trabajo en Chile y soy abogada. Les voy a presentar a mis compañeros. Primero, Mateo trabaja en nuestra oficina desde hace diez años.

[예시]

안녕, 내 이름은 소피아야. 나는 칠레에서 일하고 변호사야. 내 동료들을 소개할게. 먼저, 마테오는 우리 사무실에서 10년 전부터 일하고 있어.

11. Mi jefe se llama Martín, es muy trabajador y siempre llega muy temprano a la oficina. Pero fuera del trabajo, le gusta mucho ir de fiesta y salir con sus amigos.

나의 사장님 이름은 마틴이야. 매우 성실하고 항상 사무실에 일찍 도착해. 그러나 직장 밖에서는 파티에 가고 친구들과 함께 놀러 나가는 것을 좋아해.

정답 J. 직장에 일찍 도착하는 것을 선호한다.
마틴 – 〈siempre llega muy temprano a la oficina; 항상 사무실에 일찍 도착해〉

12. Emilia es mi compañera del trabajo. Todos los sábados vamos al cine a ver películas o a cenar. Estas vacaciones vamos a ir de viaje por Santiago.

에밀리아는 제일 친한 직장 동료야. 토요일마다 우리는 영화를 보러 영화관에 가거나 저녁을 먹으러 가. 이번 휴가 때 우리는 산티아고를 여행할 거야.

정답 C. 여행을 갈 것이다.

에밀리아 – 〈Estas vacaciones vamos a ir de viaje por Santiago; 이번 휴가 때 우리는 산티아고를 여행할 거야〉

13. Camila acaba de empezar a trabajar en la oficina. Es mexicana, pero dice que vive aquí desde hace 10 años. Es simpática y ayuda mucho a otros compañeros.

카밀리아는 사무실에서 막 일하기 시작했어. 멕시코 사람인데 그녀는 10년 전부터 여기 살고 있대. 상냥하고 다른 동료들을 매우 잘 도와줘.

정답 A. 사무실에 새로 온 사람이다.

카밀라 – 〈Camila acaba de empezar a trabajar en la oficina; 카밀리아는 사무실에서 막 일하기 시작했어〉

14. Tengo un compañero que llega siempre tarde al trabajo. Se llama Vicente y trabaja en nuestra oficina desde hace 3 años. Él vive a 10 minutos de la oficina, pero no sé por qué llega tarde.

항상 직장에 늦게 도착하는 동료가 한 명 있어. 비센테이고 3년 전부터 우리 사무실에서 일하고 있어. 그는 사무실에서 10분 거리에 사는데 왜 늦게 도착하는지 모르겠어.

정답 G. 사무실 가까이에 산다.

비센테 – 〈Él vive a 10 minutos de la oficina, 그는 사무실에서 10분 거리에 살아〉

15. Joaquín es secretario en la oficina. Su trabajo es atender a los clientes. Es muy amable y le gusta su trabajo.

호아킨은 사무실의 비서야. 그의 일은 고객을 응대하는 일이야. 친절하고 그의 일을 좋아해.

정답 H. 고객들과 일한다.

호아킨 – 〈Su trabajo es atender a los clientes; 그의 일은 고객을 응대하는 일이야〉

16. Josefa siempre está en la cafetería al lado de la oficina. Allí desayuna todas las mañanas y toma café tres veces al día.

호세파는 항상 사무실 옆에 있는 카페에 있어. 거기에서 매일 아침 식사도 하고 하루에 세 번 커피를 마셔.

정답 E. 매일 아침식사를 한다.

호세파 – 〈Josefa siempre está en la cafetería... Allí desayuna todas las mañanas; 호세파는 항상 카페에 있어. 거기에서 매일 아침 식사도 하고〉

17. Alonso es un compañero que trabaja en el departamento de contabilidad. Le gusta limpiar por eso siempre tiene la mesa muy ordenada y limpia.

알론소는 회계 부서에서 일하는 동료야. 청소하는 것을 좋아해서 항상 그의 책상은 정돈되어 있고 깨끗해.

정답 D. 책상을 깨끗하게 유지한다.

알론소 – 〈siempre tiene la mesa muy ordenada y limpia; 항상 그의 책상은 정돈 되어있고 깨끗해〉

18. Florencia es abogada como yo. Normalmente trabaja fuera de la oficina porque visita a sus clientes. Cuando viene a la oficina a trabajar, siempre comemos juntas hablando del trabajo.

플로렌시아는 나와 같은 변호사야. 고객들을 방문하기 때문에 보통 사무실 밖에서 일해. 사무실로 일하러 올 때면 항상 우리는 함께 일에 대해서 이야기하며 점심을 먹어.

정답 I. 사무실에서 많이 일 하지 않는다.

플로렌시아 – 〈Normalmente trabaja fuera de la oficina; 보통 사무실 밖에서 일해〉

▣ 어휘 플러스

여행가다	ir de viaje	오래 전부터	desde hace mucho (tiempo)
유지하다	mantener	～ 전부터	desde hace
아침먹다	desayunar	변호사	el/la abogado/a
응대하다	atender	비서	el/la secretario/a
선호하다	preferir	가까이에	cerca de
막 ～ 하다	acabar de + 동사원형	성실한, 근면한	trabajador
도와주다	ayudar	일찍	temprano
부서	el departamento	일, 직장, 업무	el trabajo
회계	la contabilidad	정돈된	ordenado
고객	el/la cliente/a	깨끗한	limpio
함께	juntos	옆에	al lado de

Tarea 4   긴 대화문 듣고 지문의 빈칸에 알맞은 단어 고르기

---

1 Tarea 유형 ─────────────────────────────

19~25번까지 총 7문제로 두 인물의 **일상에 관한 대화**를 들은 후 지문의 빈칸에 올바른 단어를 연결하는 유형이다. 예시 제외 **지문 7개**와 **보기 8개**로 이루어져 있다.

---

2 문제 공략법 ─────────────────────────────

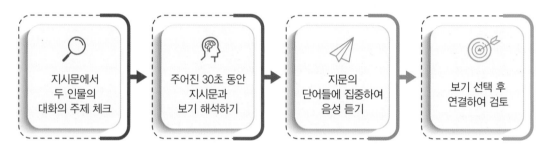

| 지시문에서 두 인물의 대화의 주제 체크 | → | 주어진 30초 동안 지시문과 보기 해석하기 | → | 지문의 단어들에 집중하여 음성 듣기 | → | 보기 선택 후 연결하여 검토 |

① **지시문 풀이 및 정보 캐치**

Tarea 4 가 시작함과 동시에 지시문에서 대화의 주제를 체크한다.

INSTRUCCIONES

Usted va a escuchar a una mujer llamada Laura, que habla del lugar adonde va de vacaciones con un compañero de piso.

→ 당신은 라우라라는 여자가 룸메이트와 함께 휴가를 가는 장소에 대해 이야기하는 것을 듣게 될 것이다.

  * 대화의 주제 캐치: 라우라의 룸메이트에 대한 특징

Va a escuchar la conversación dos veces. Usted tiene siete frases (de la 19 a la 25) que no están completas. Tiene que leer las frases y seleccionar una opción del cuadro (de la A a la I) para completar las frases, como en el ejemplo.

→ 대화를 두 번 듣게 된다. 완성되지 않은 7개의 문장 (19에서 25까지)이 있다. 문장을 읽고 옵션(A에서 I까지)을 선택하여 예시에서와 같이 문장을 완성해야 한다.

Hay nueve letras, incluido el ejemplo. Seleccione siete.

Tiene que marcar las opciones elegidas en la Hoja de respuestas.

→ 예시를 포함하여 9개의 단어가 있다. 그 중 7개를 선택하시오. 답안지에 선택한 옵션을 표시해야 한다.

Ahora tiene 30 segundos para leer las frases.

→ 문장을 읽기 위한 30초를 가진다.

② 30초 활용 보기 해석

주어진 30초 동안 19번부터 25번까지의 지문과 A 부터 I까지의 보기를 해석한다.

③ 지문 단어 중심

체크해 놓은 지문의 단어들을 중심으로 음성을 듣고 정답을 찾는다.

3 문제 풀이 팁

- ☑ 모든 음성은 두 번 반복
- ☑ 지시문에서 대화의 주제를 캐치
- ☑ 지문 해석을 위한 30초
- ☑ 남, 여 두 인물의 대화

INSTRUCCIONES

Usted va a escuchar a una mujer llamada Laura, que habla de sus compañeros de piso. Va a escuchar la conversación dos veces. Usted tiene siete frases (de la 19 a la 25) que no están completas. Tiene que leer las frases y seleccionar una opción del cuadro (de la A a la I) para completar las frases, como en el ejemplo.

Hay nueve letras, incluido el ejemplo. Seleccione siete.

Tiene que marcar las opciones elegidas en la **Hoja de respuestas**.

Ahora tiene 30 segundos para leer las frases.

Ejemplo:

0.　A■　B☐　C☐　D☐　E☐　F☐　G☐　H☐　I☐

0.	Laura va de viaje con ___A___ .		A	familia
19.	Laura va a Menorca _____ semanas.		B	embutidos
20.	Laura va a Menorca en _____ .		C	la playa
21.	A la familia de Laura le gusta la casa en _____ .		D	avión
22.	En Menorca hay _____ como catedral y museo.		E	vacaciones
23.	La comida típica de Menorca es/son _____ .		F	dos
24.	Mucha gente va de _____ a Menorca.		G	nadar
25.	Menorca es una ciudad buena para _____ .		H	monumentos
			I	coche

❖ *NOTA*

PRUEBA 2: COMPRENSIÓN AUDITIVA

정답						
19	20	21	22	23	24	25
F	D	C	H	B	E	G

[AUDIO]

Ahora tiene 30 segundos para leer las frases.

[30 segundos]

Empieza la Tarea 4

[2 segundos]

MUJER: ¡Oye, Guillermo! ¿Sabes que *voy a ir de viaje a Menorca con mi familia*? (0)

HOMBRE: ¡Hola, Laura! ¿Cuándo vas a ir? y ¿cuántos días?

M: Estas vacaciones, *voy dos semanas*. (19)

H: ¿Cómo vas a Menorca? Está un poco lejos de aquí.

M: *Voy en avión*. (20) Solo se tarda una hora en avión.

H: ¿Ya tienes algún plan de viaje?

M: Sí, ya lo tengo. Primero, vamos a alquilar una casa en la playa *porque a mi familia y a mí nos gusta la playa*. (21)

H: ¡Qué bien! Y ¿qué hay más allí?

M: *Hay muchos monumentos* (22) como la Catedral de Menorca y el Museo Hernández. Vamos a visitarlos.

H: ¿Cuál es la comida típica de Menorca?

M: *Lo más típico de Menorca son los embutidos*. (23) Queremos probar jamón y sobrasada.

H: ¡Qué rico! ¿Hay muchos turistas en Menorca?

M: Claro que sí. Especialmente en verano *mucha gente va de vacaciones*. (24)

H: ¿Qué tiempo hace en verano?

M: Hace sol y hace calor. Además, la temperatura del mar es buena durante casi todo el año. *Es muy bueno para bañarse*. (25)

[녹음 음성]

이제 문장들을 읽기 위한 30초의 시간이 주어진다.

[30초]

Tarea 4를 시작하시오.

[2초]

여성: 야, 기예르모! 너 그거 알아? *나 가족들과 메노르카로 여행갈거야*. (A) familia 가족

남성: 안녕, 라우라. 언제 가? 몇일이나 가?

여: 이번 방학 때, *2주 가*. (F) dos 2주

남: 메노르카에는 어떻게 가? 여기서 조금 멀잖아.

여: *비행기로 가*. (D) avión 비행기 비행기로 한시간 밖에 안걸려.

남: 여행 계획은 있어?

여: 응, 이미 있어. 먼저 우리는 해변에 있는 집을 빌릴거야. 왜냐하면 *나와 우리 가족은 해변을 좋아하거든*. (C) la playa 해변

남: 너무 좋다! 그곳에는 무엇이 더 있어?

여: 메노르카 성당과 헤르난데스 박물관과 같은 *기념물들도 많이 있어*. (H) 기념물들 우리는 그곳들을 방문할 거야.

남: 메노르카의 대표 음식은 무엇이야?

여: 메노르카의 가장 전통적인 음식은 엠부티도야. (B) embutidos 가공육 우리는 하몽과 소브라사다를 먹어 보고 싶어.

남: 너무 맛있겠다. 메노르카에 관광객이 많이 있나?

여: 당연하지. 특히 여름에 *많은 사람들이 휴가를 가*. (E) vacaciones 휴가

남: 여름에 날씨는 어때?

여: 해가 쨍쨍하고 날이 더워. 게다가 수온이 거의 일년 내내 좋아. *해수욕하기 매우 좋아*. (G) nadar 수영하다

[2 segundos]	[2초]	
Seleccione las opciones correctas.	정답을 선택하시오.	
[10 segundos]	[10초]	
[Se repite la conversación.]	[반복 청취]	
[2 segundos]	[2초]	
Seleccione las opciones correctas.	정답을 선택하시오.	
[10 segundos]	[10초]	
Complete ahora la Hoja de respuestas.	답안지에 마킹하시오.	
[45 segundos]	[45초]	
La prueba ha terminado.	이제 듣기 문제가 끝났습니다.	

		A	가족
0.	라우라는 ___A___ 과 함께 여행할 것이다.	B	가공육 소시지
19.	라우라는 ___F___ 동안 메노르카에 간다.	C	해변
20.	라우라는 ___D___ 로 메노르카에 간다.	D	비행기
21.	라우라의 가족은 ___C___ 에 있는 집을 좋아한다.	E	휴가
22.	메노르카에는 성당, 박물관과 같은 ___H___ 가 있다.	F	2주
23.	메노르카의 대표적인 음식은 ___B___ 이다.	G	수영하다
24.	많은 사람들이 메노르카로 ___E___ 를 간다.	H	기념물
25.	메노르카에서는 항상 ___G___ 하기에 좋다.	I	자동차

여행가다	ir de viaje	빌리다	alquilar
휴가	las vacaciones	시간이 걸리다	tardar
여행 계획	el plan de viaje	해수욕하다	bañarse
기념비, 기념물	el monumento	성당	la catedral
박물관, 미술관	el museo	전형적인, 대표적인	típico
여행객	el/la turista	수온	la temperatura del agua
멀리	lejos	가공 소시지	el embutido

■ 표현 플러스

☑ [ir en + 교통수단] 교통수단을 타고 가다.

　* 걸어서 라는 표현은 andando, a pie를 사용한다.

	en metro en autobús en tren en avión en coche en barco	지하철을 타고 버스를 타고 기차를 타고 비행기를 타고 차를 타고 배를 타고
ir / venir		
	andando a pie	걸어서

❖ *NOTA*

INSTRUCCIONES

Usted va a escuchar a un hombre, Diego, que habla con una amiga sobre su semana. Va a escuchar la conversación dos veces. Usted tiene siete frases (de la 19 a la 25) que no están completas. Tiene que leer las frases y seleccionar una opción del cuadro (de la A a la I) para completar las frases, como en el ejemplo.

Hay nueve letras, incluido el ejemplo. Seleccione siete.

Tiene que marcar las opciones elegidas en la **Hoja de respuestas**.

Ahora tiene 30 segundos para leer las frases.

Ejemplo:

0.   A ■   B☐   C☐   D☐   E☐   F☐   G☐   H☐   I☐

0.	Estos días Rosa está __A__.	A	ocupada
19.	Rosa empieza a estudiar a _____.	B	trabaja
20.	El viernes Rosa termina de estudiar a _____.	C	las dos
21.	Rosa va a la universidad _____.	D	los viernes
22.	El lunes Rosa _____.	E	la comida italiana
23.	Rosa ve las películas _____.	F	las nueve
24.	A la familia de Rosa le gusta _____.	G	la película
25.	El domingo Rosa _____.	H	andando
		I	lee

실전 문제 #2

MP3
음성 듣기

INSTRUCCIONES

Usted va a escuchar a un hombre, Manolo, que habla sobre lo que hace todos los días con una amiga. Va a escuchar la conversación dos veces. Usted tiene siete frases (de la 19 a la 25) que no están completas. Tiene que leer las frases y seleccionar una opción del cuadro (de la A a la I) para completar las frases, como en el ejemplo.

Hay nueve letras, incluido el ejemplo. Seleccione siete.

Tiene que marcar las opciones elegidas en la **Hoja de respuestas**.

Ahora tiene 30 segundos para leer las frases.

Ejemplo:

0. A■ B☐ C☐ D☐ E☐ F☐ G☐ H☐ I☐

0.	Ahora Manolo tiene muchos/muchas ___A___.	A	cosas
19.	Manolo lleva a los niños a _____.	B	las dos
20.	Manolo piensa que ir en coche es más _____.	C	la escuela
21.	Cerca de la casa de Manolo no hay _____.	D	amigos
22.	El viernes Manolo sale de la oficina a _____.	E	las cuatro
23.	Manolo va al gimnasio _____.	F	parada de autobús
24.	A Manolo le gusta hablar con _____.	G	el jueves
25.	El fin de semana Manolo cena con _____.	H	familia
		I	rápido

PRUEBA 2: COMPRENSIÓN AUDITIVA #1

정답						
19	20	21	22	23	24	25
F	C	H	B	D	E	I

[AUDIO]

HOMBRE: ¿Qué tal Rosa? Pareces triste.

MUJER: No, no estoy triste. Estoy un poco cansada. *Estos días estoy muy ocupada estudiando*. (0)

H: ¿Qué horario tienes?

M: Normalmente, *tengo clases de nueve* (19) a cuatro. Pero *los viernes termino a las dos*. (20) Los fines de semana estoy libre.

H: ¿La universidad está lejos de tu casa?

M: No, *a veinte minutos a pie*. (21) No tengo que usar el coche ni el autobús.

H: ¿Qué haces después de estudiar?

M: *Los lunes y martes trabajo en la cafetería* (22) de la universidad. Y el miércoles y el jueves voy a la biblioteca a estudiar.

H: ¿Y los viernes qué haces por las tardes?

M: *Los viernes* por la tarde voy a un club de cine. *Veo películas* (23) y hablo sobre ellas con otras personas. A mí me gusta mucho ver películas.

H: Entre semana haces muchas cosas. ¿Y los fines de semana?

M: Los sábados por la tarde como con mi familia en algún restaurante. *Solemos ir al restaurante italiano porque nos gusta*. (24)

H: Y ¿cuándo descansas?

M: Yo descanso *los domingos*. *Leo libros* (25) y veo la televisión en casa.

[녹음 음성]

남성: 로사 기분이 어때? 너 슬퍼 보여.

여성: 아니, 나 슬프지 않아. 나 조금 피곤해. *나는 요즘 공부하느라 조금 바빠*. *(A) ocupada* 바쁜

남: 시간표가 어떤데?

여: 보통 *9시부터* *(F) las nueve* 아홉시 4시까지 *수업이 있어*. 그런데 금요일에는 *2시에 끝나*. *(C) las dos* 2시 주말에는 여유가 있어.

남: 대학교는 집에서 멀리 있어?

여: 아니, 걸어서 *20분 거리에 있어*. *(H) andando* 걸어서 차도 버스도 타지 않아도 돼.

남: 공부한 후에는 무엇을 해?

여: *월요일과 화요일은 학교의 카페에서 일해*. *(B) trabaja* 일한다 그리고 수요일과 목요일은 공부하러 도서관에 가.

남: 그리고 금요일은 오후에 무엇을 해?

여: *금요일 오후에는* 영화 클럽에 가. *영화를 보고* *(D) los viernes* 금요일에 그 영화들에 대해 다른 사람들과 이야기를 나눠. 나는 영화보는 것을 매우 좋아해.

남: 주중에는 많은 것들을 하네. 그럼 주말에는?

여: 토요일 오후는 가족과 식당에서 점심을 먹어. *우리는 이탈리아 식당을 자주가*. 좋아하거든. *(E) la comida italiana* 이탈리아 음식

남: 넌 언제 쉬어?

여: 나는 *일요일에 쉬어*. 집에서 *책을 읽거나* *(I) lee (책을)* 읽는다 티비를 봐.

0.	요즘 로사는 ___A___.	**A**	바쁘다
19.	로사는 공부를 ___F___ 에 시작한다.	**B**	일한다
20.	금요일에 로사는 공부를 ___C___ 에 끝낸다.	**C**	2시
21.	로사는 ___H___ 대학에 간다.	**D**	금요일에
22.	월요일에 로사는 ___B___.	**E**	이탈리아 음식
23.	로사는 ___D___ 영화를 본다.	**F**	9시
24.	로사의 가족은 ___E___ 을 좋아한다.	**G**	영화
25.	일요일에 로사는 ___I___.	**H**	걸어서
		I	읽기(독서를) 한다

◼ 어휘 플러스

~처럼 보이다	parecer	바쁜	ocupado
끝내다, 끝나다	terminar	시간표	el horario
~에 대해 이야기하다	hablar sobre	자유로운, 시간이 있다	estar libre
쉬다	descansar	자주 ~ 하다	soler + 동사원형
주말	el fin de semana	일, 것	la cosa
주중	entre semana	걸어서	a pie

정답						
19	20	21	22	23	24	25
C	I	F	E	G	D	H

[AUDIO]

HOMBRE: Hola, Sofía, ¡cuánto tiempo!

MUJER: Hola, Manolo, ¿qué tal? No te veo mucho en el barrio.

H: Es que _hago demasiadas cosas_ (0) estos días.

M: ¿A qué hora te levantas?

H: Me levanto a las seis de la mañana para _llevar a los niños a la escuela_. (19) Y después voy al trabajo.

M: ¿Cómo vas al trabajo? ¿En coche o en autobús?

H: Voy en coche. _Es más rápido._ (20) Además, no hay parada de autobús cerca de mi casa.

M: Ah, es verdad. ¿Cómo es el horario del trabajo?

H: Empiezo a las nueve y _termino a las cuatro. Los viernes salgo de la oficina dos horas más temprano_. (22)

M: Después de trabajar ¿qué haces?

H: Los lunes y miércoles voy a la escuela de mis pequeños a recogerlos. Y los martes y _jueves voy al gimnasio a hacer ejercicio_. (23)

M: ¿Y los viernes?

H: Los viernes ceno con amigos en algún restaurante. _Me gusta hablar con amigos._ (24)

M: ¿Qué haces los fines de semana?

H: Prefiero pasar tiempo con mi familia. Vemos películas, jugamos al tenis y _cenamos juntos_. (25)

M: ¡Qué bien!

[녹음 음성]

남성: 안녕, 소피아, 이게 얼마만이야!

여성: 안녕, 마놀로, 어떻게 지내? 널 동네에서 많이 못 본거 같아.

남: _요즘 너무 많은 것들을 하고 있어서 그래_. (A) cosas 일들

여: 몇 시에 일어나?

남: 나는 _아이들을 학교에 데려다 주기 위해_ (C) la escuela 학교 오전 여섯 시에 일어나. 그리고 그 후에 직장에 가.

여: 직장에는 어떻게 가? 차로 아니면 버스로?

남: 차로 가. _더 빠르거든_. (I) rápido 빠른 게다가 우리 집 근처에는 버스 정류장이 없어.

여: 아, 맞네. 직장 시간표는 어떻게 돼?

남: 아홉시에 시작하고 _네 시에 끝내. 금요일에는 두 시간 더 일찍 사무실에서 나가_. (B) las dos 2시

여: 일 한 후에는 무엇을 해?

남: 월요일과 수요일은 아이들을 데리러 학교에 가. _화요일과 목요일은 운동하러 체육관에 가_. (G) el jueves 목요일

여: 금요일은?

남: 금요일은 친구들과 식당에서 저녁을 먹어. _나는 친구들과 이야기하는 것을 좋아해_. (D) amigos 친구들

여: 주말에는 뭐해?

남: 가족과 시간을 보내는 것을 선호해. 우리는 영화를 보고 테니스도 치고 _저녁도 함께 먹어_. (25) familia 가족

여: 너무 좋다!

0.	지금 마놀로는 많은 ___A___ 을 가지고 있다.	A	일들
19.	마놀로는 아이들을 ___C___에 데리고 간다.	B	두 사람
20.	마놀로는 차로 가는 것이 더 ___I___ 고 생각한다.	C	학교
21.	마놀로의 집 근처에는 ___F___이 없다.	D	친구들
22.	금요일에 마놀로는 ___E___시에 사무실에서 나간다.	E	두 시
23.	마놀로는 ___G___에 체육관에 간다.	F	버스 정류장
24.	마놀로는 ___D___과 이야기하는 것을 좋아한다.	G	목요일
25.	주말에 마놀로는 ___H___과 저녁을 먹는다.	H	가족
		I	빠르다

◾ 어휘 플러스

데리고 가다, 가져가다	llevar	동네	el barrio
생각하다	pensar	지나친, 지나치게	demasiado
찾으러 가다, 데리러 가다	recoger	버스 정류장	la parada de autobús
일어나다	levantarse	시간표	el horario
시간을 보내다	pasar tiempo	헬스장, 체육관	el gimnasio
운동하다	hacer ejercicio		

Expresión e interacción escritas

DELE A1 작문 영역

DELE A1 작문 시험 개요

❶ 시험 시간: 25분

❷ Tarea 수: 2개

Tarea 1	신청서 양식 작성
Tarea 2	짧은 메시지 작성

Tarea 1 신청서 양식 작성

1 Tarea 유형

기본적인 개인 정보로 신청서 등의 양식을 채우는 유형이다.

* Fomulario de

  Inscripción 신청서 / Suscripción 가입 신청서 / Matrícula 등록 신청서 / Solicitud 신청서

2 문제 구성

DATOS PERSONALES	
- nombre - apellido - edad …	⇐ 개인 정보 기입
PREGUNTAS	
¿Por qué quiere aprender español? ¿Desde cuándo vives en esta ciudad? …	⇐ 양식에 알맞는 질문들

3 문제 공략법

지시문에서 양식의 성격 확인 → 정보 채워 넣기 → 질문에 답하기

Datos personales		개인정보
Nombre	Alison	이름
Apellido	Lee	성

Nacionalidad	coreana	국적
		* Nacionalidad에 성과 수를
		  맞추므로 본인의 성과 관계없이
		  여성형 'coreana'로 작성

Edad	17 años	나이
Sexo①	☐ hombre ☑ mujer	성별 * 성별 항목은 2종류
Género②	☑ masculino ☐ femenino	
Fecha de nacimiento	19 de septiembre de 2000	태어난 날
Lugar de nacimiento	Seúl, Corea del Sur	태어난 장소
Teléfono móvil	01012334567	휴대폰 번호
Teléfono fijo	022221111	집 전화번호
Dirección	Sejong-ro 14, 3°, Seúl, Corea	전체 주소 * 아래는 세분화 해서 물을 때
Calle	Sejongno	길
Número	14	번호
Piso	3°	층
Ciudad	Seúl	도시
Código Postal	00098	우편번호
País	Corea	나라
Correo electrónico	alison00@lelos.net	이메일 주소

INSTRUCCIONES

Usted quiere sacar una tarjeta del gimnasio universitario. Completa el siguiente formulario de *la página web de la universidad*.

Gimnasio Universitario		
DATOS PERSONALES		
Nombre	Apellido/s	
Fecha de nacimiento	Día _____ / Mes _____ / Año _____	
Lugar de nacimiento		
Nacionalidad	Sexo	
DIRECCIÓN Y DATOS DE CONTACTO		
Calle	Número	Piso
Ciudad	País	
Teléfono móvil		
Correo Electrónico		
1. ¿Qué estudia en la universidad?		
2. ¿A qué hora prefiere venir al gimnasio?		
3. ¿Con qué frecuencia hace ejercicio?		

❖ *NOTA*

INSTRUCCIONES

Usted quiere sacar una tarjeta del gimnasio universitario. Complete el siguiente formulario de *la página web de la universidad*.

Gimnasio Universitario		
DATOS PERSONALES		
Nombre *Pedro*	Apellido/s *González*	
Fecha de nacimiento	Día _14_ / Mes _09_ / Año _2003_	
Lugar de nacimiento	*Badalona, España*	
Nacionalidad *española*	Sexo *hombre*	
DIRECCIÓN Y DATOS DE CONTACTO		
Calle *Córcega*	Número *490*	Piso *4°*
Ciudad *Barcelona*	País *España*	
Teléfono móvil	*6891510208*	
Correo Electrónico	*pedroguapo@xlee.er*	

1. ¿Qué estudia en la universidad?

   Estudio Turismo en la universidad.

2. ¿A qué hora prefiere venir al gimnasio?

   Prefiero venir a las 10 de la mañana y a las 3 de la tarde.

3. ¿Con qué frecuencia hace ejercicio?

   Hago ejercicio casi todos los días, excepto los fines de semana.

당신은 대학교 헬스장의 회원카드를 만들기를 원한다. 대학 웹페이지의 다음 양식을 작성하시오.

대학 체육관

개인 정보

이름 페드로	성 곤잘레스
생년월일	일 14 / 월 09 / 년도 2003
출생지	바달로나, 스페인
국적 스페인	성별 남성

주소와 연락처

길 코르세가	번호 490	층 4층
도시 바달로나	국가 스페인	
전화번호	689510208	
이메일 주소	pedroguapo@xlee.er	

1. 학교에서 무엇을 공부하나요?

학교에서 관광을 공부합니다.

2. 몇시에 체육관에 오기를 선호하시나요?

오전 열 시 그리고 오후 세 시에 오기를 선호합니다.

3. 자주 운동을 하시나요?

주말을 제외하고 거의 매일 운동을 합니다.

◾ 어휘 플러스

받다, 뽑다	sacar	카드	la tarjeta
선호하다	preferir	체육관	el gimnasio
운동하다	hacer ejercicio	양식	el formulario
얼마나 자주...?	¿Con qué frecuencia...?	정보	el dato
관광학	el Turismo	개인의	personal
～을 제외하고	excepto	거의	casi

INSTRUCCIONES

Usted quiere suscribirse a una revista en una página web. Tiene que completar este formulario de suscripción.

Suscríbete y Mantente Informado: Revista en Línea		
Nombre		
Primer Apellido	Segundo Apellido	
Lugar de nacimiento		
Fecha de nacimiento (dd/mm/aaaa)		
Nacionalidad		
Género	☐ Masculino	☐ Femenino
Estado Civil	☐ Soltero/a	☐ Casado/a
Teléfono		
Correo electrónico		
1. ¿A qué se dedica usted?		
2. ¿Qué tipo de información quiere recibir?		
3. ¿Prefiere la revista en línea a la revista de papel? y ¿por qué?		

INSTRUCCIONES

Usted quiere hacer un curso de español. Debe completar el formulario de matrícula.

¡Aprende Español con Nosotros! [Formulario de Matriculación]		
Nombre	Apellido(s)	
Nacionalidad		
Lugar de nacimiento		
Fecha de nacimiento		
Teléfono	Correo electrónico	
Dirección		
Calle	Número	Piso
Ciudad	Código postal	País
Nivel de lengua		
Forma de pago	☐ Efectivo	☐ Tarjeta
1. ¿Por qué quiere aprender español?		
2. ¿Qué desea hacer durante el curso?		
3. ¿Tiene interés en participar en actividades extracurriculares?		
4. ¿En cuáles?		

PRUEBA 3: EXPRESIÓN E INTERACCIÓN ESCRITAS #1

Usted quiere suscribirse a una revista en una página web. Tiene que completar este formulario de suscripción.

Suscríbete y Mantente Informado: Revista en Línea		
Nombre	*Sumi*	
Primer Apellido *Choi*	Segundo Apellido	
Lugar de nacimiento	*Corea del Sur*	
Fecha de nacimiento (dd/mm/aaaa)	*21/04/2007*	
Nacionalidad	*coreana*	
Género	☐ Masculino	☑ Femenino
Estado Civil	☑ Soltero/a	☐ Casado/a
Teléfono	*01033335555*	
Correo electrónico	*sumichoi0421@glx.com*	

1. ¿A qué se dedica usted?

   Soy estudiante del bachillerato.

2. ¿Qué tipo de información quiere recibir?

   Quiero recibir noticias sobre famosos, como cantantes y actores. También me interesa la moda.

3. ¿Prefiere la revista en línea a la revista de papel? y ¿por qué?

   Prefiero la revista en línea porque no se utiliza papel y además puedo tener la información en mi teléfono móvil.

웹페이지에서 잡지를 구독하려고 한다. 이 구독 양식을 작성해야 한다.

구독하고 최신 정보를 받아보세요: 온라인 잡지

이름 수미

첫번째 성 최   **두번째 성**

태어난 장소 대한민국

태어난 날짜 21/04/2007

국적 한국인

성별   ☐ 남성   ☑ 여성

호적상태 (결혼유무) ☑ 미혼   ☐ 기혼

전화번호 01033335555

이메일 주소 sumichoi0421@glx.com

어떤 일을 하시나요?

　저는 고등학교 학생입니다.

어떤 종류의 정보를 받기를 원하시나요?

　저는 가수나 배우들과 같은 유명인들의 소식을 받고 싶습니다.

　또한 패션에도 관심이 있습니다.

온라인 잡지를 선호하시나요 아니면 종이로 된 잡지를 선호하시나요? 이유는 무엇인가요?

　종이가 사용되지 않고 게다가 제 휴대폰으로 정보를 얻을 수 있기 때문에 저는 온라인 잡지를 선호합니다.

■ **어휘 플러스**

구독하다	suscribir	잡지	la revista
채우다	completar	웹 사이트	la página web
받다	recibir	고등학교	el bachillerato
관심이 있다	(me,te,le...) interesa	소식, 뉴스	las noticias
온라인의	en línea	유명인들	los famosos
종이로 된	en papel	유행, 패션	la moda
이용하다	utilizar	게다가	además

Usted quiere hacer un curso de español. Debe completar el formulario de matrícula.

¡Aprende Español con Nosotros! [Formulario de Matriculación]	
Nombre *Clara*	Apellido(s) *Kim*
Nacionalidad *estadounidense*	
Lugar de nacimiento *Estados Unidos*	
Fecha de nacimiento *12 de noviembre de 2005*	
Teléfono *01345678*	Correo electrónico *Claraclara@cal.com*

Dirección

Calle *Principio 123*	Número *12*	Piso *4B*
Ciudad *Ciudadpueblo*	Código postal *12345*	País *Estados Unidos*

Nivel de lengua *Inicial*

Forma de pago   ☐ Efectivo   ☑ Tarjeta

1. ¿Por qué quiere aprender español?

    Quiero aprender español porque me encanta la cultura española y deseo hacer muchos amigos en España.

2. ¿Qué desea hacer durante el curso?

    Deseo mejorar mi nivel de español y conocer la cultura española con otros estudiantes extranjeros.

3. ¿Tiene interés en participar en actividades extracurriculares?

    Sí, tengo mucho interés.

4. ¿En cuáles?

    Me interesa visitar museos e ir de excursión con mis compañeros de clase.

당신은 스페인어 수업을 듣고 싶다. 등록 양식을 작성해야 한다.

¡우리와 함께 스페인어를 배워보세요!　　　　　　　　[등록 양식]

이름	클라라		성	킴	

국적 미국인　　　　　**태어난 장소** 미국　　**태어난 날짜** 2005년 11월 12일

전화번호 0345678　　　**이메일** ClaraClara@cal.com

주소

길 프린시피오 123　　　　　**번호** 12　　　　　**층** 4B

도시 씨우닫푸에블로　　　　**우편번호** 12345　　　**국가** 미국

언어 수준 기초　　　　　　**지불 방식** ☐ 현금　☑ 카드

1. 스페인어를 공부하고 싶은 이유는 무엇인가요?

제가 스페인어를 배우고 싶은 이유는 저는 스페인 문화를 매우 좋아하고 스페인에서 많은 친구를 사귀고 싶기 때문입니다.

2. 학기 동안 무엇을 하기를 원하시나요?

저의 스페인어 실력을 향상시키고 다른 유학생들과 함께 스페인 문화를 알고 싶습니다.

3. 학교 외 활동에 관심이 있으시나요?

네, 많은 관심이 있습니다.

4. 어떤 활동들에 관심이 있으시나요?

반 친구들과 박물관을 방문하거나 소풍 가는 것에 관심이 있습니다.

■ 어휘 플러스

수업을 듣다	hacer un curso	등록	la matrícula
~ 해야 한다	deber + 동사원형	카드	la tarjeta
지불 방식	la forma de pago	현금	efectivo
배우다	aprender	문화	la cultura
매우 좋아하다	(me,te,le...) encanta	외국의	extranjero
희망하다	desear	활동	la actividad
친구를 사귀다	hacer amigos	교과 외의	extracurricular
~에 관심이 있다	tener interés en	소풍가다	ir de excursión
~에 참여하다	participar en	동료, 친구	el/la compañero/a

Tarea 2   짧은 메시지 작성

---

1 Tarea 유형

개인이나 공공의 엽서, 편지, 메모, 광고, 안내 등의 짧은 글을 작성하는 유형이다.

* 추천 글자 수: 30 ~ 40 단어 (※ *'¡Hola! Soy Pablo.'*는 총 세 단어)

---

2 문제 공략법

지시문에서 작성할 메세지의 내용 확인 → 요구사항 해석 및 구상 → 글 유형에 알맞은 글 작성

① 지시문 풀이 및 정보 캐치

Tarea 3이 시작함과 동시에 지시문에서 이야기의 주제를 체크한다.

INSTRUCCIONES

Usted vive en una ciudad para estudiar. Tiene que dejarles un mensaje a sus padres para hablar de su vida. En el mensaje tiene que:

→ 당신은 공부하기 위해 도시에서 혼자 살고 있다. 부모님께 자신의 삶에 대해 이야기하는 메시지를 남겨야 한다.
  그 메세지에서는 해야 한다:

- saludar;   → 인사하기

- decir cómo está usted;   → 어떻게 지내는지 말하기

- decir qué hace estos días;   → 요즘 무엇을 하는지 말하기

- despedirse.   → 작별인사 하기

Número de palabras recomendadas: 30 y 40.

→ 추천 단어 수: 30 ~ 40 단어

---

* Tarea 2의 고득점 전략

  – 작성해야 하는 글의 목적을 정확히 알 것

  – 필요한 정보를 빠짐없이 담을 것

② 요구사항에 맞게 메세지 작성하기

인사하기	Queridos padres:	애정하는 부모님께:
어떻게 지내는지 말하기 요즘 무엇을 하는지 말하기	Yo estoy muy bien en Madrid. Estos días estudio mucho y salgo con amigos.	저는 마드리드에서 아주 잘 있어요. 요즘 공부도 많이 하고 친구들과 놀러 나가요.
작별인사 하기	Os echo de menos. Besos. Hasta pronto.	보고싶어요. 키스를 담아 보내요. 곧 만나요.
* 서명, 이름	Isabel	이사벨이

* 마지막 서명에는 날림체의 사인이 아닌 자신의 이름을 알파벳으로 기입

① 인사 표현은 **편한 사이**와 **존칭을 사용하는 사이**로 나눌 수 있다.

편한 사이: 가족, 친구	**존칭 사용**: 모르는 인물, 공적 관계
친애하는 … : Querido padre: Queridos padres: Querida abuela: Querida Laura: Queridos amigos:	친애하는 귀하 … : Estimado profesor Kim: Estimados señores:
☑ 대상 뒤 ' : ' 를 써줄 것 ☑ 대상의 성, 수에 따라 　 querido/a/os/as 로 다르게 적용한다.	☑ 대상 뒤 ' : ' 를 써줄 것 ☑ 대상의 성, 수에 따라 　 estimado/a/os/as 로 다르게 적용한다.

② **특정 대상 없이** 메세지를 작성하는 경우 다음의 인사말과 함께 시작할 수 있다.

¡Hola!　안녕!　　　　　　　　　¡Hola a todos!　안녕 모두들!

---

4 상황 별 작별인사

① 답변을 기다릴 때
　　Espero tu / su respuesta.　　　　너의 / 당신의 답변을 기다립니다.
　　Espero tu / su llamada.　　　　　너의 / 당신의 전화를 기다립니다.

② 애정을 표현하는 마무리 인사
　　Un beso, / Besos,　　　　　　　키스를 담아,
　　Un abrazo, / Abrazos,　　　　　포옹을 담아,
　　Hasta pronto.　　　　　　　　　곧 봐.

③ 정중을 표현하는 마무리 인사
　　Saludos cordiales, / Atentamente,　　정중한 인사를 드리며,

❖ *NOTA*

연습 문제

INSTRUCCIONES

Usted tiene un piso y quiere alquilarlo para los estudiantes extranjeros que vienen a la ciudad a estudiar. Tiene que escribir un anuncio en la página web de la universidad. En el mensaje tiene que decir:

- – dónde está;
- – cómo es el piso;
- – quién/quiénes vive/viven en el piso;
- – dónde pueden escribirle o llamarle.

Número de palabras recomendadas: 30 y 40.

지문과 요구사항 체크

당신은 아파트가 있고 공부하기 위해 도시로 오는 유학생들에게 아파트를 임대하고 싶다. 대학 웹사이트에 광고를 작성해야 한다. 메시지에서 다음의 사항들을 말해야 한다:

(1) 어디에 있는지
(2) 아파트가 어떠 한지
(3) 누가 그 집에 살 고 있는지
(4) 어디에 답장을 쓰거나 전화할 수 있는지

¡Hola a todos!

Vivo en un piso grande y bonito con mis padres. El piso está en el centro de la ciudad, cerca de la estación de metro. Si les interesa, pueden enviarme un mensaje por correo electrónico, sandra1234@ssla.com.

Gracias.

Sandra

(41 palabras)

모두들 안녕하세요!

(3) 저는 부모님과 함께 *(2)* 넓고 예쁜 집에서 살고 있어요. *(1)* 아파트는 도시의 중심가에 지하철역에서 가까이에 있습니다. 관심이 있다면, *(4)* sandra1234@ssla.com로 메세지를 보내주세요.

감사합니다.

산드라

☑ 요구사항이 쓰여 있는지 빠짐없이 확인하기

■ 어휘 플러스

임대하다	alquilar	아파트	el piso
보내다	enviar	유학생	el estudiante extranjero
광고, 공고	el anuncio	도심	el centro de la ciudad
웹 사이트	la página web	이메일	el correo electrónico

❖ NOTA

INSTRUCCIONES

Usted quiere invitar a una amiga a su fiesta de cumpleaños. Tiene que escribir un mensaje a su amiga. En el mensaje debe:

- saludar;
- decir cuándo es la fiesta;
- decir dónde es la fiesta;
- escribir qué van a hacer;
- despedirse.

Número de palabras recomendadas: 30 y 40.

INSTRUCCIONES

Usted es nuevo/a en un barrio. Tiene que escribir un mensaje para hacer amigos en una página web del barrio. En el mensaje debe:

- presentarse;
- decir cómo es usted;
- decir qué le gusta hacer;
- qué quiere hacer con nuevos amigos.

Número de palabras recomendadas: 30 y 40.

PRUEBA 3: EXPRESIÓN E INTERACCIÓN ESCRITAS #1

지문과 요구사항 체크

당신의 생일 파티에 친구를 초대하고 싶다. 그 친구에게 메시지를 써야 한다. 메시지에서 다음을 해야 한다;

- 인사하기
- 파티는 언제 인지 말하기
- 파티는 어디서 열리는지 말하기
- 무엇을 할 것인지 적기
- 작별인사하기

Querida Raquel:

Voy a hacer una fiesta de cumpleaños. La fiesta es el día 7 de septiembre, a las 3 de la tarde en mi casa. Vamos a comer una tarta de chocolate y jugar a videojuegos.

Quiero verte pronto.

Luis

(41 palabras)

친애하는 라켈에게:

나는 나의 생일 파티를 열거야. 파티는 9월 7일이고 오후 세시에 나의 집에서 열려. 우리는 초코 케이크를 먹고 비디오 게임을 할 거야.

너를 빨리 보고싶어.

루이스

■ 어휘 플러스

초대하다	invitar	생일 파티	la fiesta de cumpleaños
인사하다	saludar	케이크	la tarta
작별 인사하다	despedirse	곧	pronto
게임하다	jugar a videojuegos	파티를 열다	hacer una fiesta

PRUEBA 3: EXPRESIÓN E INTERACCIÓN ESCRITAS #2

지문과 요구사항 체크

당신은 동네에 새로 왔다. 동네 웹 페이지에 친구를 사귀기 위해 메시지를 작성해야 한다. 메시지에서 다음을 해야 한다:

- 자기소개 하기
- 당신이 어떤 사람인지 말하기
- 무엇을 좋아하는지 말하기
- 새로운 친구들과 무엇을 하고싶은지 말하기

¡Hola!

Me llamo Ignacio y tengo 19 años. Soy extrovertido y sincero. Me gusta pasear por el parque y jugar al tenis. Quiero ir al cine o a un buen restaurante en el barrio con nuevos amigos. Espero sus mensajes.

Gracias.

(40 palabras)

안녕하세요!

제 이름은 이그나시오이고 19살입니다. 저는 외향적이고 진실합니다. 공원에서 산책하고 테니스 치는 것을 좋아합니다. 새로운 친구들과 함께 영화관이나 동네의 좋은 식당에 가고 싶습니다. 여러분의 메세지를 기다립니다.

감사합니다.

■ 어휘 플러스

친구를 만들다	hacer amigos	동네	el barrio
자기소개 하다	presentarse	외향적인	extrovertido
말하다	decir	진실된	sincero
~를 산책하다	pasear por + 장소		

Prueba

04

Expresión e interacción orales

DELE A1 회화 영역

DELE A1 회화 시험 개요

❶ 준비 시간: 10분
❷ 시험 시간: 10분
❸ Tarea 수: 3개

Tarea 1	자기 소개하기 [1~2분]
Tarea 2	주어진 주제에 관하여 발표하기 [2~3분]
Tarea 3	Tarea 2에 관련된 질문에 답변하기 [3~4분]

Tarea 1　자기 소개하기

---

1 Tarea 유형

Tarea 1은 이름, 나이, 학업 등 제시된 정보를 이용하여 자신에 대해 소개하는 과제이다.

* 포인트 – Tarea 1

발표 시간 1~2분 / 본격 시험 전 짧은 대화 준비 / 주어진 항목 빠짐없이 발표 / 발표 중 시험관 개입 없음

---

2 문제 공략법(시험 순서)

---

3 회화 시험 포인트

❶ Tarea 준비 시간 **10분**

❷ 10분안에 두가지 과제를 구상해야 하므로, 비교적 어렵지 않은 Tarea 1의 자기소개는 미리 연습
하여 완벽히 숙지하고 가는 것이 좋다.

❸ 총 **두 명의 시험관**: 대화 시험관 + 채점 시험관

❹ 잘 못 들었을 경우: **Otra vez, por favor.** 한번 더 말씀해주세요. **/ ¿Cómo?** 뭐라고 하셨죠?

☑ **긴 침묵은 금물!**

Tarea 1. Presentación personal del candidato

→ 과제 1. 응시자의 자기 소개

El/La candidato/a debe preparar su presentación personal para hablar durante 2 minutos. En su preparación podrá tomar notas que después puede llevar a la sala de examen. Deberá tratar todos los aspectos recogidos en la lámina, que es única para todos los candidatos.

→ 응시자는 2분 동안 회화 영역을 위한 개인 프레젠테이션을 준비해야 합니다. 준비 과정에서 노트를 작성하고
　이후에 시험장으로 가져갈 수 있습니다. 응시자는 모든 후보자에게 동일한 차트에 있는 모든 정보를 다뤄야 합니다.

Esta tarea es un monólogo breve, no es una conversación con el/la entrevistador/a, que no participará haciendo preguntas al/a la candidato/a. En los dos minutos que tiene el/la candidato/a para hablar puede mirar las notas que ha tomado en la preparación de la tarea pero no leerlas.

→ 이 과제는 짧은 독백이며, 면접관과의 대화가 아니며, 면접관은 후보자에게 질문하지 않습니다. 응시자는 2분 동안 말할 시간이
　주어지며, 이 시간 동안 응시자는 준비과정에서 작성한 노트를 참고할 수 있지만 직접 읽어서는 안 됩니다.

- Nombre　　　　　　　　　→ 이름
- Edad　　　　　　　　　　→ 나이
- Nacionalidad　　　　　　 → 국적
- Lugar donde vive　　　　 → 거주지
- Profesión o estudios　　　 → 직업 또는 공부
- Carácter, personalidad　　 → 성격, 인격
- Lenguas que habla　　　　→ 구사하는 언어

Esta es la lámina que tiene el/la candidato/a:

→ 이것이 응시자가 참고할 수 있는 차트입니다.

INSTRUCCIONES

Usted tiene que preparar su presentación personal para hablar uno o dos minutos aproximadamente. Tiene que hablar sobre los siguientes aspectos:

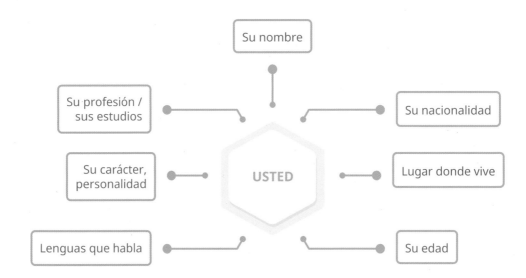

❖ *NOTA*

INSTRUCCIONES

당신은 약 1분에서 2분의 말하기를 위한 자기 소개를 준비해야한다. 다음의 모습들에 대해 이야기해야한다.

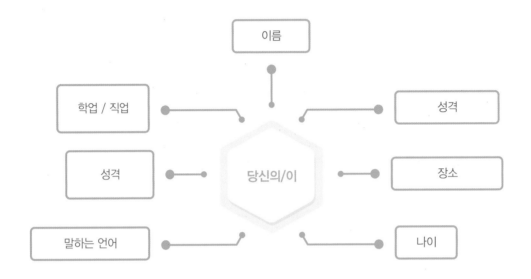

■ 시험관과의 아이스브레이킹

Examinador/a 시험관	¡Hola, buenas! 안녕하세요!
Candidato/a 응시자	Hola, buenos días. 안녕하세요, 좋은 아침입니다!
Examinador/a	¿Cómo está? 기분은 어떠신가요?
Candidato/a	Estoy muy bien, ¿y usted? 매우 좋습니다. 당신은요?
Examinador/a	Estoy bien, gracias. 저는 좋습니다. 감사합니다.

Examinador/a	¿Cuánto tiempo lleva estudiando español?		
	얼마나 스페인어를 공부하셨나요?		
Candidato/a	Llevo un año estudiando español.		
	스페인어를 공부한지는 1년째입니다.		
Examinador/a	¿Por qué aprende español?		
	왜 스페인어를 배우나요?		
Candidato/a	Aprendo español porque me gusta la cultura española.		
	저는 스페인 문화를 좋아해서 스페인어를 배웁니다.		
Examinador/a	¿Está listo/a para la presentación?		
	발표할 준비가 되었나요?		
Candidato/a	Sí, estoy listo/a.		
	네, 준비되었습니다.		

◾ 자기 소개 발표 준비

NOMBRE 이름	Jisun 지선	APELLIDO 성	Kim 김
EDAD 나이	dieciseis años 16살	FECHA DE NACI- MIENTO 태어난 날짜	el siete del octubre 10월 7일
NACIONALIDAD 국적	coreana 한국	LUGAR DONDE VIVE 사는 장소	Incheon, Corea del Sur 인천, 한국
PROFESIÓN O ESTUDIOS 직업 또는 학업		Estudio en la escuela de secundaria 중학교에서 공부 중	
CARÁCTER/ PERSONALIDAD 성격		Amable, tranquila 친절한, 차분한	
LENGUAS QUE HABLA 말하는 언어들		inglés, español, coreano 영어, 스페인어, 한국어	

◾ 자기 소개 연습

Mi nombre es ____.	제 이름은 _____ 입니다.
Mi apellido es ____.	제 성은 _____ 입니다.

Me llamo ____.	제 이름은 _____ 입니다.
Tengo ____ años.	저는 _____ 살입니다.
Soy de ____.	저는 [국가명] 사람입니다.
Soy ____.	저는 [국적 형용사] 사람입니다.
Yo vivo en ____.	저는 _____에 삽니다.
Yo estudio ____. matemáticas, literatura, ciencias...	저는 _____ 을 공부합니다. 수학, 문학, 과학...
Yo trabajo en ____. un hospital, una empresa internacional, la escuela...	저는 _____ 에서 일합니다. 병원, 국제적 회사, 학교...
Yo soy ____. simpático, inteligente...	저의 성격은 _____ 입니다. 친절하고, 똑똑하고...
Yo hablo ____. coreano, inglés, español...	저는 _____ 언어를 말합니다. 한국어, 영어, 스페인어...
Mi fecha de nacimiento es ____. el 4 de marzo...	저의 태어난 날짜는 _____ 입니다. el 날짜 de 월
Mi cumpleaños es ____. el 20 de enero...	제 생일은 _____ 입니다. el 날짜 de 월

◉ 어휘 플러스

☑ 학업

Estudio	en la escuela. en el colegio. en la universidad.	학교에서 공부합니다. 대학교에서 공부합니다.
Soy universitario.		저는 대학생입니다.
Soy estudiante de secundaria.		저는 중학교 학생입니다.
Estudio	Matemáticas. Inglés. Ciencias. Arte. Música. Historia. Literatura.	수학 영어 과학 예술 음악 역사학 문학

Educación Física.	체육 교육학		
Medicina.	의학		
Relaciones Internacionales.	국제 관계학		
Leyes.	법학		
Dirección de Empresas.	경영학		
Marketing.	마케팅학		

☑ 성격

¿Cómo eres/es?	당신은 어떤 성격을 가지고 있어요?
Yo soy [–––––].	나는 [–––––] 한 성격이다.
* 남성, 여성형 주의:	
Yo soy vago. (주어가 남자인 경우)	Yo soy vaga. (주어가 여자인 경우)

친절한	simpático	독립적인	independiente
불친절한	antipático	똑똑한	inteligente
성실한	trabajador	예민한	sensible
게으른	vago	욕심이 많은	ambicioso
재미있는	divertido	조심스러운	reservado
지루한	aburrido	친화력이 좋은	amistoso
낙천적인	optimista	관대한	generoso
비관적인	pesimista	차분한	tranquilo
사교적인	sociable	쾌활한	alegre
내성적인	introvertido	용감한	valiente
소심한	tímido	친절한	amable

INSTRUCCIONES

Usted tiene que preparar su presentación personal para hablar uno o dos minutos aproximadamente. Tiene que hablar sobre los siguientes aspectos:

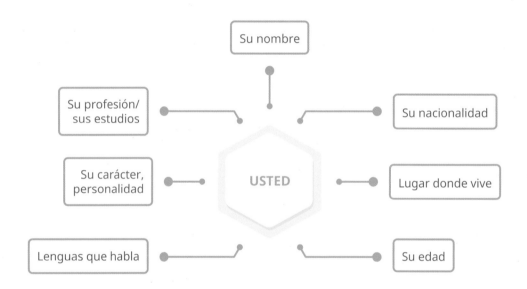

■ 모범 답변 1

> ¡Hola! Me llamo Rosa. Soy colombiana, de Bogotá. Pero ahora vivo en Madrid por trabajo. Vivo en un piso bonito con mi familia. Estoy casada y tengo una hija. Tengo treinta años. Soy profesora de inglés y trabajo en un colegio. Por eso yo hablo dos idiomas: español e inglés. Me gusta enseñar y hablar con los estudiantes. Creo que soy trabajadora y optimista. Me gusta pasear por el parque todos los días.

안녕하세요. 제 이름은 로사입니다. 저는 콜롬비아 보고타에서 왔어요. 그러나 지금은 일 때문에 마드리드에 살고 있어요. 저는 저의 가족과 함께 예쁜 아파트에 삽니다. 저는 결혼을 했고 딸이 하나 있어요. 저는 30살이며 영어 선생님으로 학교에서 일하고 있습니다. 그래서 저는 두 언어를 말합니다: 스페인어와 영어입니다. 저는 가르치는 것을 좋아하고 학생들과 이야기하는 것을 좋아합니다. 제 생각에 저는 성실하고 낙천적입니다. 저는 매일 산책하는 것을 좋아합니다.

■ 모범 답변 2

> Hola, mi nombre es Mónica y mi apellido es Sánchez. Tengo dieciocho años. Mi cumpleaños es el nueve de octubre. Yo soy alemana, pero vivo en México. Hablo alemán, inglés y un poco de español. Soy estudiante universitaria y estudio literatura latinoamericana. Yo tengo muchos amigos. Mis amigos dicen que yo soy simpática y graciosa. Me gusta leer libros y salir con amigos. Gracias.

안녕하세요. 제 이름은 모니카, 성은 산체스입니다. 저는 18살입니다. 제 생일은 10월 9일입니다. 저는 독일사람이나 현재 멕시코에서 살고 있습니다. 독일어, 영어 그리고 스페인어를 조금 할 수 있습니다. 저는 대학생이고 중남미 문학을 공부합니다. 저는 많은 친구들이 있습니다. 저의 친구들이 말하길 저는 착하고 재미있다고 합니다. 저는 책을 읽는 것과 친구들과 놀러 나가는 것을 좋아합니다. 감사합니다.

■ 모범 답변 3

> Me llamo Min Kim. Yo soy de Corea, de Busan. Pero vivo en Taiwán por mis estudios. Tengo 22 años. Mi fecha de nacimiento es el diecisiete de mayo. Yo estudio Relaciones Internacionales en la universidad. Quiero ser diplomático en el futuro. Hablo inglés y chino y estoy aprendiendo español. Yo soy sincero y tranquilo, pero un poco vago. Me alegro de conocerlo. Gracias.

제 이름은 민 킴 입니다. 저는 한국 부산 사람입니다. 하지만 저는 학업때문에 대만에 삽니다. 저는 22살이며 저의 생일은 5월 17일입니다. 저는 대학교에서 국제 관계학을 공부하고 있습니다. 저는 미래에 외교관이 되고 싶습니다. 영어와 중국어를 하고 현재 스페인어를 배우고 있습니다. 저는 진실되며 차분하지만 조금 게으릅니다. 당신을 만나서 반갑습니다. 감사합니다.

❖ *NOTA*

Tarea 2-3 주어진 주제에 관하여 발표 / 질의응답

---

1 Tarea 유형

Tarea 2와 3은 연결되어 진행된다.

* Tarea 2

일상생활, 사람, 장소, 활동 등 개인이나 주변환경과 관련된 요소들을 간단히 설명한다.

* Tarea 3

Tarea 2에서 했던 발표 내용을 바탕으로 시험관과 질문 및 응답 등 대화하는 과제이다.

---

2 문제 공략법(시험 순서)

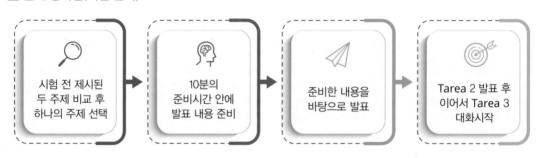

시험 전 제시된 두 주제 비교 후 하나의 주제 선택 → 10분의 준비시간 안에 발표 내용 준비 → 준비한 내용을 바탕으로 발표 → Tarea 2 발표 후 이어서 Tarea 3 대화시작

* Tarea 2

① 발표 시간: 2–3분
② 나열된 요소들 중 3개 선택하여 발표
③ 발표 중 시험관의 개입 없음
④ 발표 후 Tarea 3으로 바로 연결됨

* Tarea 3

① 대화 시간: 3–4분
② Tarea 2 내용을 바탕으로 대화
③ 시험관의 질문에 답변하기
④ 시험관에게 두 가지 질문하기

① 지시문 해석

Tarea 2

> **INSTRUCCIONES**
>
> Usted tiene que seleccionar tres de las cinco opciones para hablar durante dos o tres minutos aproximadamente.

→ 약 2~3분 동안 이야기하기 위해 5가지 옵션 중 3가지를 선택해야 한다.

INSTRUCCIONES Tarea 3

- El/La entrevistador/a le va a hacer unas preguntas sobre el tema de la Tarea 2.

  → 시험관은 Tarea 2의 주제에 관해 몇 가지 질문을 할 것이다.

- Después, usted va a hacer dos preguntas al/a la entrevistador/a sobre el tema de la Tarea 2.

  → 다음으로, 시험관에게 Tarea 2의 주제에 관해 두 가지 질문을 해야 한다.

② 3개의 옵션 선택 및 발표 준비

☑ 5개의 옵션들 중 더 자신 있고, 많은 이야기를 할 수 있는 3개의 옵션을 선택하여 발표를 준비한다.

☑ 준비 용지에 옵션별로 언급할 키워드를 잘 정리하여 적어 놓는다.

일상 생활과 관련하여 자주 등장하는 키워드들을 미리 알아 두자.

TEMAS	주제		OPCIONES	옵션
mi semana	나의 한주		trabajo y estudios	일 또는 학업
mi día	나의 하루		comida	음식
mi vida diaria	나의 일상		tiempo libre	여가 시간
mi vida cotidiana	나의 일상		actividades de ocio	여가 활동
mi escuela/ colegio	나의 학교		aficiones	취미
los hábitos	습관		horarios	스케줄
el país / la ciudad	나라 / 도시		ropa	옷
los lugares	장소		transportes	교통수단
			deportes	스포츠
			familia	가족
			amigos	친구
			compañeros	반 친구, 동료
			asignaturas favoritas	좋아하는 과목
			profesores	선생님
			edificio	건물

발표에 사용할 표현들을 익혀 두기

① **Trabajo y estudios 일 또는 학업**

Yo trabajo en una empresa internacional. 국제 기업에서 일한다.

Yo estoy trabajando en un restaurante. 레스토랑에서 일한다.

Yo soy médico/a. 의사이다.

Estudio en la universidad. 대학교에서 공부한다.

Estudio inglés y español. 영어와 스페인어를 공부한다.

Estudio matemáticas. 수학을 공부한다.

Estudio Relaciones Internacionales en la universidad. 대학에서 국제 관계를 공부한다.

② Comida 음식

Yo desayuno a las ocho de la mañana. 오전 8시에 아침을 먹는다.

Yo almuerzo en el trabajo. 직장에서 점심을 먹는다.

Yo ceno a las siete de la tarde. 오후 7시에 저녁을 먹는다.

Prefiero comer en casa. 집에서 먹는것을 선호한다.

Prefiero cenar fuera. 밖에서 저녁 먹는 것을 선호한다.

Mi comida favorita es la hamburguesa. 가장 좋아하는 음식은 햄버거이다.

Me gusta la comida italiana. 이탈리아 음식을 좋아한다.

③ Tiempo libre 여가 시간 / Actividades de ocio 여가 활동 / Aficiones 취미

En mi tiempo libre/ Cuando tengo tiempo libre, 여가 시간에 / 내가 자유 시간이 있을 때,

   – leo libros. 책을 읽는다.

   – escucho música. 음악을 듣는다.

   – veo muchas películas. 영화를 많이 본다.

   – juego a videojuegos. 비디오 게임을 한다.

   – voy al gimnasio a hacer ejercicio. 운동 하러 체육관에 간다.

   – toco el piano. 피아노를 연주한다.

   – voy al museo. 박물관에 간다.

   – veo la televisión. 텔레비전을 본다.

   – me gusta ver películas. 영화 보는 것을 좋아한다.

   – me gusta leer libros. 책 읽는 것을 좋아한다.

   – me gusta ver a mis amigos. 친구들 만나는 것을 좋아한다.

   – me gusta cocinar. 요리하는 것을 좋아한다.

   – me gusta viajar. 여행하는 것을 좋아한다.

   – me gusta hacer deporte. 운동 하는 것을 좋아한다.

   – me gusta ir de compras. 쇼핑 가는 것을 좋아한다.

   – prefiero descansar en casa. 집에서 쉬는 것을 선호한다.

   – prefiero pasar tiempo con mi familia. 가족과 시간을 보내는 것을 선호한다.

④ Horarios 스케줄

Me levanto a las ocho de la mañana. 오전 8시에 일어난다.

Me ducho y desayuno. 샤워하고 아침을 먹는다.

Salgo de casa a las nueve en punto. 9시 정각에 집에서 나간다.

Voy a la escuela muy temprano. 학교에 매우 일찍 간다.

Voy al trabajo a las nueve de la mañana. 오전 아홉시에 직장에 간다.

Vuelvo a casa a las siete de la tarde. 오후 7시에 집에 돌아간다.

Ceno y me ducho. 저녁 먹고 샤워한다.

Me acuesto a las once de la noche. 밤 11시에 잠자리에 든다.

⑤ Ropa 옷

Llevo ropa cómoda. 편한 옷을 입는다.

Llevo ropa formal para ir al trabajo. 직장에 가기 위해 격식 있는 옷을 입는다. (정장)

Me pongo camiseta y pantalones. 티셔츠와 바지를 입는다.

Me gusta ponerme zapatillas deportivas. 나는 운동화 신는 것을 좋아한다.

Prefiero ponerme ropa cómoda. 편한 옷을 입는 것을 선호한다.

Nunca me pongo ropa negra. 검정색 옷을 절대 입지 않는다.

⑥ Transportes 교통수단

Tomo el autobús/ metro/ coche/ tren/ avión... 버스/ 지하철/ 차/기차/ 비행기를 탄다.

Prefiero tomar el metro para ir a la oficina. 사무실에 가기 위해 지하철 타는 것을 선호한다.

Voy a la escuela en coche/ autobús/ metro/ bicicleta...

　　　차/ 버스/ 지하철/ 자전거를 타고 학교에 간다

Voy a la escuela andando/ a pie. 걸어서 학교에 간다.

Hay parada de autobús/ taxi cerca de mi casa. 우리 집 가까이에 버스/ 택시 정류장이 있다.

Hay estación de metro/ tren cerca de mi casa. 우리 집 가까이에 지하철/ 기차 역이 있다.

⑦ Deportes 스포츠

Juego al tenis/ fútbol/ baloncesto/ béisbol/ voleibol...

　　　테니스/ 축구/ 농구/ 야구/ 배구 경기를 한다.

Practico tenis/ fútbol/ baloncesto/ béisbol/ voleibol...

　　　테니스/ 축구/ 농구/ 야구/ 배구를 연습한다.

Hago ejercicio. 운동을 한다.

Voy al gimnasio/ a la piscina. 체육관/ 수영장에 간다.

Me gusta correr. 달리는 것을 좋아한다.

Me gusta nadar. 수영하는 것을 좋아한다.

Me gusta hacer senderismo. 하이킹하는 것을 좋아한다.

⑧ Familia 가족

En mi familia hay cuatro personas. 우리 가족은 네 명이다.

Mis padres se llaman Pedro y Ana. 나의 부모님의 이름은 페드로와 아나다.

Tengo dos hermanos, un hermano mayor y una hermana menor.
나는 큰 형과 작은 여동생, 두명의 형제가 있다.

Mi padre es alto y guapo. Y es muy simpático y trabajador.
나의 아빠는 키가 크고 잘 생겼다. 그리고 매우 착하고 성실하다.

Mi madre es profesora. Ella es amable y sincera.
나의 엄마는 선생님이다. 그녀는 친절하고 진실되다.

Mi hermano mayor es estudiante. 나의 큰 형은 학생이다.

Mi hermana pequeña es bonita pero traviesa. 나의 여동생은 예쁘지만 장난꾸러기이다.

⑨ Amigos 친구 / Compañeros 반 친구, 동료

Tengo muchos amigos. 많은 친구들이 있다.

Tengo unos amigos buenos. 좋은 친구들이 있다.

Tengo un amigo/ un compañero que se llama Javier. 하비에르라는 친구/동료가 있다.

Mi amiga Rosa es inteligente y simpática. 내 친구 로사는 똑똑하고 착하다.

Mi amigo Raúl es alto y deportista. 내 친구 라울은 키가 크고 운동을 많이 한다.

Mi amigo se llama Alonso. 내 친구의 이름은 알론소이다.

Me gusta salir con mis amigos. 나는 친구들과 놀러 나가는 것을 좋아한다.

Yo voy al cine con mis amigos. 나는 친구들과 영화관에 간다.

Me cae bien Sofía. 나는 소피아와 잘 맞는다.

Me llevo bien con mis amigos. 나는 친구들과 잘 지낸다.

⑩ Asignaturas favoritas 좋아하는 과목

Mi asignatura favorita es historia. 내가 가장 좋아하는 과목은 역사다.

Me gusta más la clase de matemáticas. 나는 수학 수업을 더 좋아한다.

Me gusta estudiar/ aprender lengua extranjera. 나는 외국어를 배우는 것을 좋아한다.

ASIGNATURAS 과목

* matemáticas 수학, ciencias 과학, física 물리, química 화학, historia 역사
  lengua extranjera 외국어, biología 생물, arte 예술, educación física 체육

⑪ **Profesores 선생님**

El profesor de la clase de inglés es Joaquín. 영어 수업 선생님은 호아킨이다.

La profesora de la clase de español es Anita. 스페인어 수업 선생님은 아니타이다.

Me cae bien el profesor Alonso. 나는 알론소 선생님과 잘 맞는다.

La profesora Laura es amable y nos ayuda mucho.

라우라 선생님은 친절하고 우리를 많이 도와주신다.

---

5 Tarea 3 질문 익히기

시험관이 할 수도 있는, 그리고 내가 시험관에게 해야 하는 질문들을 익혀 두기

① **RUTINA DIARIA 일상**

¿A qué hora se levanta? 몇 시에 일어나시나요?

¿A qué hora desayuna? 몇 시에 아침을 먹나요?

¿A qué hora come? 몇 시에 점심을 먹나요?

¿A qué hora cena? 몇 시에 저녁을 먹나요?

¿Prefiere cenar en casa o fuera?

집에서 저녁 먹기를 선호하시나요 아니면 밖에서 먹는 것을 선호하시나요?

¿A qué hora se acuesta? 몇 시에 잠자리에 드나요?

¿Qué horario tiene entresemana? 평일에는 어떤 시간표를 가지고 있나요?

¿Qué hace entresemana? 평일에는 무엇을 하시나요?

¿Qué hace los fines de semana? 주말에는 무엇을 하시나요?

¿Estudia o trabaja? 공부를 하시나요 일을 하시나요?

② **TIEMPO LIBRE 여가시간**

¿Qué hace cuando tiene tiempo libre? 여가시간이 있을 때 무엇을 하시나요?

¿Qué le gusta hacer en el tiempo libre? 여가시간에 무엇 하는 것을 좋아 하시나요?

¿Cuáles son sus aficiones? 당신의 취미는 무엇인가요?

¿Qué actividades hace? 어떤 활동들을 하시나요?

¿Le gusta leer libros? 책 읽는 것을 좋아 하시나요?

¿Qué tipo de películas le gusta? 어떤 영화 종류를 좋아 하시나요?

¿Prefiere salir de casa o estar en casa?

집에서 나가는 것을 선호하시나요 혹은 집에 있는 것을 선호하시나요?

¿Prefiere pasear o ir a museos?

산책하는 것을 선호하시나요 혹은 미술관 가는 것을 선호하시나요?

③ DEPORTES 운동

¿Le gusta hacer deporte? 운동하는 것을 좋아 하시나요?

¿Hace algún deporte? 운동을 하시나요?

¿Qué deporte le gusta hacer? 어떤 운동을 하는 것을 좋아 하시나요?

¿Cuál es su deporte favorito? 당신이 제일 좋아하는 운동은 무엇인가요?

¿Con qué frecuencia juega al tenis? 얼마나 자주 테니스를 하시나요?

¿Cuántas veces al mes juega al fútbol? 한달에 몇 번 축구 경기를 하시나요?

¿Cuánto tiempo lleva jugando al voleibol? 배구 경기를 하신 지 얼마나 되셨나요?

¿Le gusta ver partidos de deporte? 스포츠 경기를 보는 것을 좋아하시나요?

④ VIAJE & VACACIONES 여행과 휴가

¿Le gusta viajar? 여행하는 것을 좋아 하시나요?

¿Cómo viaja? 어떻게 여행하시나요?

¿Con quién viaja normalmente? 보통 누구와 여행하십니까?

¿Prefiere ir a otros países? 다른 나라에 가는 것을 선호하시나요?

¿A dónde le gusta ir? 어디 가는 것을 좋아 하시나요?

¿Cuál es su país favorito de los viajes anteriores y por qué?
　　이전 여행지들 중 가장 좋아하는 나라는 어디입니까 그리고 이유는요?

¿Le gusta viajar a la ciudad o al campo?
　　도시로 여행 가는 것을 좋아 하시나요 아니면 시골에 여행 가는 것을 좋아 하시나요?

⑤ CIUDAD & PAÍS 도시와 나라

¿Dónde vive usted? 어디에 사시나요?

¿Es una ciudad grande o pequeña? 큰 도시입니까 작은 도시입니까?

¿Cómo es la ciudad? 도시는 어떻습니까?

¿Tiene muchos habitantes su ciudad? 당신의 도시는 인구가 많습니까?

¿Qué lugares de interés hay? 어떤 흥미로운 장소들이 있습니까?

¿Cuál es su lugar favorito? 당신이 가장 좋아하는 장소는 어디입니까?

¿Le gusta vivir en su ciudad y por qué?
　　당신의 도시에 사는 것이 좋으신가요? 그 이유는 무엇입니까?

¿Con quién vive? 누구와 살고 계신가요?

¿Qué transporte hay en su ciudad? 당신의 도시에는 어떤 교통수단이 있습니까?

¿Es caro vivir en su ciudad? 당신의 도시에서 사는 것은 비싼가요?

¿Es caro o barato el transporte en su ciudad?
　　당신의 도시에서 교통수단은 비싼가요 저렴한가요?

⑥ AMIGOS 친구들

¿Tiene muchos amigos? 당신은 친구가 많습니까?

¿Le gusta hacer amigos? 친구 사귀는 것을 좋아 하시나요?

¿Cómo se llama su mejor amigo/a? 당신의 가장 친한 친구 이름은 무엇입니까?

¿Cómo es su amigo? 당신의 친구는 어떤가요?

¿Por qué le gusta su amigo/a? 왜 당신의 친구를 좋아하나요?

¿Qué suele hacer con sus amigos? 당신의 친구들과 무엇을 하곤 하나요?

¿Ve mucho a sus amigos? 당신의 친구들을 자주 보나요?

¿Cómo habla con sus amigos? 당신의 친구들과 어떻게 이야기를 하나요?

⑦ ESTUDIOS 학업

¿Qué estudia? 무엇을 공부하나요?

¿Dónde estudia? 어디서 공부하나요?

¿Dónde está la escuela? 학교는 어디에 있나요?

¿Cuántas clases tiene al día? 하루에 몇개의 수업을 가지고 있나요?

¿Qué hace en el descanso? 쉬는 시간에는 무엇을 하나요?

¿Cómo se llama el profesor/la profesora? 선생님의 이름은 무엇인가요?

¿Cuál es su asignatura favorita? 가장 좋아하는 과목은 무엇인가요?

¿Tiene muchos deberes? 숙제가 많이 있나요?

⑧ TRABAJO 일

¿En qué trabaja? 어떤 일을 하시나요?

¿A qué se dedica usted? 어떤 일을 하시나요?

¿Qué hace en su trabajo? 당신의 직장에서는 어떤 일을 하나요?

¿A qué hora va al trabajo? 몇 시에 직장에 가나요?

¿A qué hora termina el trabajo? 몇 시에 일이 끝나나요?

¿Cómo va al trabajo? 어떻게 직장에 가나요?

¿Está lejos la empresa de su casa? 당신의 집에서 직장이 멀리 있나요?

¿Le gusta su trabajo? 당신의 일을 좋아 하시나요?

¿Qué idioma usa en su oficina? 당신의 사무실에서는 어떤 언어를 사용하나요?

¿Cómo son sus compañeros del trabajo? 당신의 직장 동료들은 어떤 가요?

¿Cómo son sus jefes? 당신의 상사들은 어떤 가요?

¿Se lleva bien con sus compañeros? 당신의 동료들과 잘 지내시나요?

¿Le caen bien sus jefes? 당신의 상사들은 당신과 잘 맞나요?

⑨ FAMILIA 가족

¿Cuántas personas hay en su familia? 당신의 가족은 몇명인가요?

¿Cómo son? 그들은 어떻습니까?

¿Viven todos juntos? 모두 다 함께 사십니까?

¿Cómo se llaman sus padres? 당신의 부모님의 이름은 무엇인가요?

¿A qué se dedican su padre y su madre? 당신의 아버지와 어머니는 어떤 일을 하시나요?

¿Tiene hermanos? 형제가 있나요?

¿Cuántos años tiene su hermano/a? 당신의 형제는 몇 살인가요?

¿Qué le gusta hacer con su familia? 당신의 가족과 무엇을 하는 것을 좋아 하시나요?

¿Pasa mucho tiempo con su familia? 당신의 가족과 많은 시간을 보내시나요?

⑩ COMIDA 음식

¿A qué hora desayuna? 몇 시에 아침을 드시나요?

¿A qué hora come? 몇 시에 점심을 드시나요?

¿A qué hora cena? 몇 시에 저녁을 드시나요?

Para desayunar, ¿prefiere alimentos dulces o salados?

　　　아침 식사로 단것을 선호하시나요 짠것을 선호하시나요?

¿Come mucha fruta? 과일을 많이 드시나요?

¿Los coreanos prefieren desayunar? 한국인들은 아침 먹는 것을 선호하나요?

¿Qué prefiere para el desayuno? 아침 식사로는 무엇을 선호하시나요?

Normalmente, ¿dónde come al mediodía? 보통 점심은 어디에서 드시나요?

¿Prefiere cenar fuera o en casa?

　　　저녁 식사를 밖에서 하시는 것을 선호하시나요, 집에서 드시기를 선호하시나요?

¿Qué suele comer cuando come fuera? 밖에서 드실 때, 무엇을 보통 드시나요?

¿Cuál es su comida favorita? 당신이 가장 좋아하는 음식은 무엇인가요?

⑪ TRANSPORTE 교통

¿En su ciudad hay varios medios de transporte público?

　　　당신의 도시에는 다양한 대중 교통 수단이 있나요?

¿Qué tipo de transporte público hay? 어떤 종류의 교통 수단이 있나요?

¿Cómo va a la escuela o al trabajo? 학교나 직장에 어떻게 가시나요?

¿Qué transporte usa más y por qué?

　　　어떤 교통수단을 더 많이 이용하나요? 이유는 무엇입니까?

¿Es barato el metro/ el autobús? 지하철/ 버스는 저렴한가요?

¿Hay muchos coches en la ciudad? 도시에 차가 많습니까?

¿Hay mucho tráfico en la ciudad? 도시에 교통체증이 있습니까?

① **usted 인칭으로 연습하기**

시험 동안 시험관과 대화는 주로 usted 인칭으로 하게 되므로 미리 익숙하게 연습하기

예) ¿Tiene usted hermanos? 당신은 형제가 있습니까?

¿Cuántos hermanos tiene? 당신은 몇명의 형제가 있습니까?

② **단답형으로 Sí 또는 No로만 대답하지 말 것**

예) ¿Tiene hermanos?

Sí. (X)

Sí, tengo un hermano mayor y una hermana menor. (O)

Tarea 2

> **INSTRUCCIONES**
>
> Usted tiene que seleccionar tres de las cinco opciones para hablar durante dos o tres minutos aproximadamente.

INSTRUCCIONES TAREA 3

- El/La entrevistador/a le va a hacer unas preguntas sobre el tema de la Tarea 2.
- Después, usted va a hacer dos preguntas al/a la entrevistador/a sobre el tema de la Tarea 2.

Tarea 2

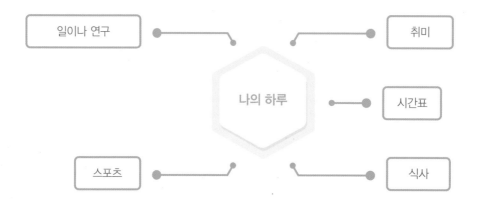

■ 모범 답변

> Hola, me llamo Sara y quiero hablar de mi día. Entre semana yo voy a la escuela. Así que me levanto muy temprano, a las siete de la mañana. Después, me ducho y desayuno con mi familia. Luego, me visto y salgo de casa para ir a la escuela. Después de la escuela, vuelvo a casa a las cinco y media de la tarde. Hago los deberes y veo la televisión con mi hermana menor. Cuando vuelve mi padre del trabajo, cenamos juntos. Antes de acostarme, leo libros.
>
> Los fines de semana tengo mucho tiempo libre. Normalmente yo quedo con mis amigos para ir de compras o para ir al cine. Me gusta mucho ver películas, especialmente, películas románticas.
>
> Todos los domingos paso tiempo con mi familia. Nos gusta hacer deporte como tenis. Vamos a un parque cerca de mi casa para hacerlo. Mi madre y yo somos un buen equipo de tenis y muchas veces ganamos. Y también me gusta mucho aprender algo. Aprendo a tocar guitarra o piano y nuevos idiomas. ¡Me encanta el español!

안녕하세요. 제 이름은 사라입니다. 저의 하루에 대해 이야기하고 싶습니다. 주중에는 학교에 가기 때문에 아침 7시에 아주 일찍 일어납니다. 그 후 샤워를 하고 가족과 함께 아침을 먹습니다. 그리고는 옷을 입고 집을 나서 학교에 갑니다. 학교를 마치고 오후 5시 반에 집에 돌아옵니다. 여동생과 함께 숙제를 하고 TV를 봅니다. 아버지가 퇴근하시면 우리는 함께 저녁을 먹습니다. 자기 전에는 책도 읽어요.

주말에는 자유시간이 많아요. 보통 저는 친구들을 만나 쇼핑을 가거나 영화를 보러 갑니다. 저는 영화 보는 것을 정말 좋아하는데, 특히 로맨틱 영화를 좋아합니다.

매주 일요일에는 가족과 함께 시간을 보냅니다. 우리는 테니스 같은 스포츠를 좋아합니다. 우리는 그것을 하기 위해 집 근처 공원에 갑니다. 어머니와 저는 좋은 테니스 팀이고 종종 승리합니다. 그리고 저는 또한 무언가를 배우는 것을 정말 좋아합니다. 기타나 피아노 연주와 새로운 언어를 배웁니다. 저는 스페인어를 정말 좋아합니다!

Tarea 3

▣ 시험관이 시험 응시자에게

Examinador/a 시험관	¿Es usted estudiante? 학생이신가요?
Candidato/a 응시자	Sí, soy estudiante de secundaria. 네, 저는 중학교 학생이에요.
Examinador/a	Ha dicho que se levanta muy temprano, ¿verdad? 아주 일찍 일어난다고 했죠?
Candidato/a	Sí, me levanto a las siete de la mañana para ir a la escuela. 네, 저는 아침 7시에 일어나 학교에 가요.
Examinador/a	¿A qué hora empieza la escuela? 학교는 몇 시에 시작하나요?
Candidato/a	Empieza a las ocho y media. Prefiero salir de casa antes para llegar a clase temprano. 여덟 시 삼십분에 시작해요. 수업에 일찍 가기 위해 일찍 집에서 나가는 것을 선호합니다.
Examinador/a	¿Cuántas clases tiene al día? 하루에 몇 개의 수업이 있나요?
Candidato/a	Tengo seis clases al día, excepto los viernes. Los viernes solo tengo cuatro clases y la escuela termina a las tres de la tarde. 금요일을 제외하고 하루에 6개의 수업이 있어요. 금요일에는 4개의 수업만 있고 학교는 오후 3시에 끝납니다.
Examinador/a	¿Cómo vuelve a casa? 집에 어떻게 가나요?
Candidato/a	Voy y vuelvo andando. La escuela está cerca de mi casa, a quince minutos. A veces voy con mi hermana o con mis amigos. 걸어서 가고, 돌아옵니다. 학교는 우리 집에서 15분 거리로 가깝습니다. 가끔은 언니나 친구들과 함께 가곤 해요.
Examinador/a	¿Qué hace usted después de terminar la escuela? 학교를 마친 후에는 무엇을 합니까?
Candidato/a	Normalmente vuelvo a casa, pero a veces voy a la biblioteca a hacer los deberes y leer libros. 평소에는 집에 오지만 가끔 도서관에 가서 숙제도 하고 책도 읽습니다.
Examinador/a	¿Tiene muchos deberes en la escuela? 학교 숙제가 많나요?
Candidato/a	Normalmente sí, así que tengo que acabarlos antes de cenar o acostarme. 보통 그렇습니다. 그래서 저녁 식사나 잠자리에 들기 전에 끝내야 합니다.

Examinador/a	¿Quién prepara la cena en su familia?
	가족 중 저녁 식사는 누가 준비합니까?
Candidato/a	Entresemana mi madre nos prepara la cena porque mi padre vuelve un poco tarde del trabajo. Pero los fines de semana mi padre cocina.
	주중에는 아버지가 직장에서 조금 늦게 돌아오시기 때문에 어머니가 우리를 위해 저녁을 준비하십니다. 하지만 주말에는 아버지가 요리를 하세요.
Examinador/a	¿Ayuda a sus padres a preparar la cena?
	부모님의 저녁 식사 준비를 도와 주시나요?
Candidato/a	Sí, a veces. Y siempre pongo la mesa.
	네, 가끔요. 그리고 저는 항상 식탁을 차립니다.
Examinador/a	Dice que los fines de semana queda con sus amigos. ¿Dónde suele quedar con ellos?
	주말에는 친구들을 만난다고 하셨는데, 보통 어디서 만나시나요?
Candidato/a	Nosotros solemos quedar en cafeterías o restaurantes bonitos. A mis amigos y a mí nos gusta ir a lugares bonitos y probar nuevos platos.
	우리는 보통 좋은 카페나 레스토랑에서 만나요. 친구들과 저는 예쁜 장소에 가서 새로운 요리를 맛보는 것을 좋아합니다.
Examinador/a	A usted también le gusta ir de compras, ¿qué le gusta comprar?
	쇼핑도 좋아하는데, 무엇을 사는 것을 좋아하나요?
Candidato/a	Me encanta comprar materiales escolares como bolígrafos de todos colores y cuadernos bonitos. Y a veces voy a la tienda de ropa para comprar camisetas y calcetines. Yo colecciono calcetines.
	저는 온갖 색깔의 펜과 예쁜 공책 등 학용품을 사는 것을 좋아합니다. 그리고 가끔 옷가게에 가서 티셔츠와 양말을 사요. 저는 양말을 수집합니다.
Examinador/a	¡Qué interesante! Y usted, ¿va mucho al cine?
	정말 흥미롭네요! 그리고 당신은 영화 보러 자주 가시나요?
Candidato/a	Sí. voy mucho al cine con mis amigos y con mi familia.
	네, 저는 친구들, 가족들과 함께 영화를 보러 자주 가요.
Examinador/a	¿Cuántas veces va al cine?
	영화관에는 몇 번이나 가시나요?
Candidato/a	Creo que voy una vez al mes.
	한 달에 한 번씩은 가는 것 같아요.
Examinador/a	¿Qué tipo de películas le gusta?
	어떤 영화를 좋아 하시나요?
Candidato/a	Me gustan las películas románticas o de animación. No me gustan las películas de terror.
	로맨스 영화나 애니메이션 영화를 좋아해요. 저는 공포영화를 좋아하지 않습니다.

Examinador/a	Hablando del deporte, ¿cuál es su deporte favorito?
	스포츠에 대해 이야기해보자면, 가장 좋아하는 스포츠는 무엇입니까?
Candidato/a	Me gustan varios deportes, pero mi favorito es el tenis.
	저는 여러 스포츠를 좋아하지만 가장 좋아하는 것은 테니스입니다.
Examinador/a	¿Por qué le gusta?
	왜 좋아해요?
Candidato/a	Porque es un deporte fácil y divertido. Puedo jugar al tenis solo con una raqueta. Y me divierto mucho jugando al tenis.
	쉽고 재미있는 스포츠이기 때문이죠. 라켓 하나만으로 테니스를 칠 수 있어요. 그리고 저는 테니스를 치는 것이 정말 즐겁습니다.
Examinador/a	Ah, de acuerdo. ¿Llevas mucho tiempo practicando tenis?
	아, 그렇군요. 오랫동안 테니스 연습을 해오셨나요?
Candidato/a	Sí, Llevo más o menos tres años jugando.
	네, 저는 3년 정도 플레이를 해왔습니다.
Examinador/a	¿También juega mucho al baloncesto?
	농구도 많이 하시나요?
Candidato/a	La verdad es que no juego mucho al baloncesto. Pero veo mucho a mi padre y a mi hermano jugando al baloncesto. Porque les gusta mucho.
	사실 저는 농구를 많이 하지 않아요. 그런데 아버지와 형이 농구하는 걸 많이 봐요. 왜냐하면 그들은 그것을 많이 좋아하기 때문입니다.
Examinador/a	Y usted ha dicho que le gusta aprender nuevas cosas. ¿Qué es lo que está aprendiendo estos días?
	그리고 새로운 것을 배우는 것을 좋아한다고 하셨어요. 요즘에는 무엇을 배우고 있나요?
Candidato/a	Estoy estudiando chino. Acabo de empezar a aprenderlo, me parece que es un poco difícil pero divertido.
	중국어를 공부하고 있어요. 이제 막 배우기 시작했는데 조금 어렵지만 재미있는 것 같아요.
Examinador/a	Ah, bien, bien. Y español, ¿cuánto tiempo llevas aprendiéndolo?
	아, 좋습니다. 그럼 스페인어를 배운 지 얼마나 됐나요?
Candidato/a	Llevo seis meses aprendiendo español. Me gusta mucho aprenderlo.
	저는 스페인어를 배운 지 6개월이 되었습니다. 그것을 배우는 것을 정말 좋아합니다.
Examinador/a	¡Qué bien!
	매우 좋네요!

■ 시험 응시자가 시험관에게

1. ¿Qué le gusta hacer cuando tiene tiempo libre?
   여가 시간이 있을 때, 무엇을 하는 것을 좋아하시나요?

2. Si hace deporte, ¿cuál es su deporte favorito y por qué?
   스포츠를 하신다면, 가장 좋아하는 스포츠는 무엇인가요? 그 이유는요?

205

Tarea 2

INSTRUCCIONES

Usted tiene que seleccionar tres de las cinco opciones para hablar durante dos o tres minutos aproximadamente.

INSTRUCCIONES TAREA 3

- El/La entrevistador/a le va a hacer unas preguntas sobre el tema de la Tarea 2.
- Después, usted va a hacer dos preguntas al/a la entrevistador/a sobre el tema de la Tarea 2.

Tarea 2

INSTRUCCIONES

Usted tiene que seleccionar tres de las cinco opciones para hablar durante dos o tres minutos aproximadamente.

INSTRUCCIONES TAREA 3

- El/La entrevistador/a le va a hacer unas preguntas sobre el tema de la Tarea 2.
- Después, usted va a hacer dos preguntas al/a la entrevistador/a sobre el tema de la Tarea 2.

Tarea 2

☑ 모범 답변

Quiero hablar de la ciudad donde vivo. Vivo en Seúl y es una ciudad muy grande y bonita. Además, viven muchas personas. Tiene muchos edificios altos y modernos y también tiene muchos apartamentos. Es una ciudad muy comercial, con muchas empresas, centros comerciales y tiendas.

En mi ciudad hay muchos lugares famosos como edificios modernos y palacios tradicionales. Entre ellos quiero recomendar Lotte Tower, es un edificio muy alto y se puede ver el paisaje de la ciudad desde lo alto. Y también me gusta mucho ir a los palacios tradicionales. Están en el centro de la cuidad y se puede aprender la historia de Corea. Por eso siempre muchos turistas extranjeros los visitan.

El clima de mi ciudad es, en general, bueno. Pero en verano llueve mucho y hace calor. Me gustan la primavera y el otoño de mi ciudad. Porque hace muy buen tiempo y es un momento perfecto para ir de picnic.

La gente de mi ciudad es muy trabajadora y amable. También hay personas que no son tan simpáticas, pero no muchas. La verdad es que me encanta mi ciudad.

저는 제가 살고 있는 도시에 대해 이야기하고 싶습니다. 저는 서울에 살고 있는데 서울은 매우 크고 아름다운 도시입니다. 게다가 거기에는 많은 사람들이 살고 있어요. 높은 현대식 건물이 많고 아파트도 많습니다. 많은 회사, 쇼핑 센터 및 상점이 있는 매우 상업적인 도시입니다.

우리 도시에는 현대식 건물과 전통 궁궐 등 유명한 장소가 많이 있습니다. 그 중 롯데타워를 추천하고 싶은데, 굉장히 높은 건물이고 위에서 도시 풍경을 볼 수 있어요. 그리고 저는 전통 궁궐에 가는 것도 정말 좋아해요. 그들은 도시의 중심에 있으며 한국의 역사를 배울 수 있습니다. 그래서 많은 외국인 관광객들이 늘 이곳을 찾습니다.

우리 도시의 기후는 전반적으로 좋습니다. 하지만 여름에는 비가 많이 내리고 덥습니다. 나는 우리 도시의 봄과 가을을 좋아합니다. 날씨도 너무 좋고 소풍 가기 딱 좋은 계절이거든요.

우리 도시의 사람들은 매우 열심히 일하고 친절합니다. 별로 착하지 않은 사람도 있지만 많지는 않습니다. 저는 제가 사는 도시를 사랑합니다.

Tarea 3

◼ 시험관이 시험 응시자에게

Examinador/a 시험관	Dice que vive usted en la ciudad de Seúl, ¿verdad? 당신은 서울이라는 도시에 산다고 했죠?
Candidato/a 응시자	Sí, vivo en Seúl. 네, 저는 서울에 살아요.
Examinador/a	¿Es una ciudad grande o pequeña? 큰 도시인가요, 작은 도시인가요?
Candidato/a	Es una ciudad muy grande, es la capital de Corea. 매우 큰 도시이고, 한국의 수도입니다.
Examinador/a	¿Cuánto tiempo hace que vive en su ciudad? 당신은 당신의 도시에서 얼마나 오래 살았습니까?
Candidato/a	Vivo en mi ciudad desde siempre. Hace 17 años que vivo en mi ciudad. 저는 항상 이 도시에 살았습니다. 저의 도시에서 17년 동안 살고 있습니다.
Examinador/a	¿Con quién vive ahora? 지금은 누구와 함께 살고 있나요?
Candidato/a	Ahora vivo con mi familia: mi padre, mi madre y mi hermana menor. 이제 저는 아버지, 어머니, 여동생과 함께 가족과 함께 살고 있습니다.
Examinador/a	¿Qué hace con sus amigos en la ciudad normalmente? 도시에서는 친구들과 주로 무엇을 하시나요?
Candidato/a	Voy mucho de compras a centros comerciales y paseo por el parque con ellos. 쇼핑몰에서 쇼핑도 많이 하고, 같이 공원도 산책해요.
Examinador/a	¿Hay muchos centros comerciales en la ciudad? 도시에는 쇼핑센터가 많나요?
Candidato/a	Sí, hay muchos centros comerciales en la ciudad. Cerca de mi casa también hay uno y voy mucho con amigos. 네, 도시에는 쇼핑센터가 많아요. 집 근처에도 있는데 친구들이랑 자주 가요.
Examinador/a	¿Qué hace en el centro comercial? 쇼핑센터에서 뭐 하세요?
Candidato/a	De todo. Compro ropa, como en restaurantes y a veces veo películas en el cine del centro comercial. 모든 것을 해요. 옷도 사고, 식당에서 밥도 먹고, 때로는 백화점 영화관에서 영화도 봐요.
Examinador/a	Dice usted que le gusta ir a los palacios, ¿a qué palacio suele ir? 궁궐에 가는 것을 좋아한다고 하셨는데, 주로 어느 궁궐에 가시나요?
Candidato/a	Suelo ir al palacio Gyeongbok. Es el más famoso y bonito. 저는 주로 경복궁에 가요. 가장 유명하고 아름답습니다.

Examinador/a	¿Qué se puede ver en ese palacio?
	그 궁궐에서는 무엇을 볼 수 있나요?
Candidato/a	Puedo ver el palacio del rey de Choseon y unos jardines grandes y bonitos. También puedo ver cosas tradicionales.
	조선왕궁과 크고 아름다운 정원을 볼 수 있어요. 또한 전통적인 것들도 볼 수 있어요.
Examinador/a	¿Le gusta aprender historia?
	역사를 배우는 것을 좋아 하나요?
Candidato/a	Sí, me gusta mucho aprender historia, sobre todo, la historia de Corea.
	네, 저는 역사를 배우는 걸 정말 좋아해요. 특히 한국사를 좋아해요.
Examinador/a	Dice que en verano llueve mucho, ¿verdad? ¿Con qué frecuencia llueve en la ciudad?
	여름에는 비가 많이 온다고 그랬는데, 도시에는 얼마나 자주 비가 내리나요?
Candidato/a	Sí, llueve mucho en verano. Hay una temporada de lluvias y en esa temporada llueve todos los días.
	네, 여름에는 비가 많이 오죠. 장마철이 있고 그 시기에는 매일 비가 내립니다.
Examinador/a	¿Qué le gusta hacer en primavera en su ciudad?
	봄이 되면 당신이 사는 도시에서 무엇을 하는 것을 좋아하나요?
Candidato/a	Me gusta mucho ir al parque a ver flores y árboles. Pienso que es la temporada más bonita del año.
	저는 공원에 가서 꽃과 나무를 보는 걸 정말 좋아해요. 일년 중 가장 아름다운 계절이라고 생각합니다.
Examinador/a	¿Hay muchos parques en la ciudad?
	도시에는 공원이 많아요?
Candidato/a	Sí, hay muchos. En mi ciudad hay un río, que se llama Han y alrededor del río hay varios parques para disfrutar de un picnic o hacer deportes. También voy mucho para comer y hablar con mis amigos.
	네, 많아요. 우리 도시에는 한(Han)이라는 강이 있고, 강 주변에는 피크닉을 즐기거나 스포츠를 즐길 수 있는 공원이 여러 군데 있습니다. 친구들이랑 밥도 먹고 이야기도 많이 해요.
Examinador/a	¿Hay muchos medios de transporte público en su ciudad?
	당신이 사는 도시에는 대중교통 수단이 많습니까?
Candidato/a	Sí, hay casi todo tipo de transporte público: metro, autobús y tren.
	네, 지하철, 버스, 기차 등 거의 모든 유형의 대중교통이 있습니다.
Examinador/a	¿Usa mucho el transporte público en su ciudad?
	당신의 도시에서는 대중교통을 많이 이용하십니까?
Candidato/a	Si, en mi caso cada día uso el transporte público. Voy a la escuela en metro y autobús. También cuando voy al centro de la ciudad cojo el metro.
	네, 제 경우에는 매일 대중교통을 이용합니다. 저는 지하철과 버스를 타고 학교에 갑니다. 그리고 도심에 갈 때도 지하철을 타요.

Examinador/a	¿Le gusta coger metro o autobús, y ¿por qué?
	지하철이나 버스 타는 걸 좋아 하시나요? 이유는 무엇입니까?
Candidato/a	Sí, me gusta mucho porque es muy cómodo y rápido. Sobre todo, a la hora punta hay mucho tráfico y es difícil llegar al destino temprano. Yo puedo llegar rápido sin preocuparme del tráfico usando metro o autobús.
	네, 굉장히 편하고 빨라서 좋아해요. 특히 출퇴근 시간에는 교통량이 많아 목적지에 일찍 도착하기가 어렵습니다. 지하철이나 버스를 이용하면 교통체증 걱정 없이 빠르게 갈 수 있어요.

■ 시험 응시자가 시험관에게

1. ¿Qué atracciones hay en su ciudad?
   당신의 도시에는 어떤 명소가 있나요?

2. ¿Qué tiempo hace en invierno en su ciudad?
   당신의 도시에는 겨울에 어떤 날씨 인가요?

Tarea 2

성격과 외모

이름

나의 가족

어디에 사는지

직업

나이

■ 모범 답변

Mi familia no es muy grande. Somos solo cuatro personas: mi padre, mi madre, mi hermano y yo.

Mi hermano es dos años mayor que yo. Él tiene diecisiete años y yo tengo quince. Vamos juntos al colegio. Mis padres se llaman Raúl y Sofía. Mi hermano se llama Javier y yo soy Ana. Nosotros vivimos en un piso bonito que está en el centro de la ciudad.

Mi padre es arquitecto y mi madre es profesora de violín. Son trabajadores y nos aman mucho. Mi madre es rubia y tiene los ojos muy grandes. Es simpática y generosa y cuando tengo algún problema, siempre se lo digo y me ayuda mucho a solucionarlo. Puedo decir que es mi mejor amiga. Mi padre es alto y moreno. Es deportista y le gusta mucho hacer senderismo y practicar nuevos deportes. Por último, mi hermano Javier, es moreno como mi padre. Él es sociable por eso tiene muchos amigos. A él le gusta salir con sus amigos los fines de semana.

A nosotros nos gusta ir de viaje y pasar tiempo juntos haciendo deportes y hablando. ¡Me gusta mucho mi familia!

우리 가족은 그리 크지 않습니다. 아버지, 어머니, 오빠, 나 이렇게 네 명입니다.

저의 오빠은 저보다 두 살 더 많습니다. 그는 열 일곱 살이고 저는 열다섯 입니다. 우리는 함께 학교에 갑니다. 부모님의 이름은 라울과 소피아입니다. 내 동생의 이름은 하비에르이고 나는 아나입니다. 우리는 시내 중심가에 있는 멋진 아파트에 살고 있습니다.

아버지는 건축가이고 어머니는 바이올린 교사입니다. 그들은 열심히 일하고 우리를 매우 사랑합니다. 나의 어머니는 금발이고 눈이 매우 커요. 그녀는 친절하고 관대하며, 저에게 문제가 있을 때면 항상 그녀에게 말하고, 그녀는 문제를 해결하는 데 많은 도움을 줍니다. 그녀가 저의 가장 친한 친구라고 말할 수 있습니다. 저의 아버지는 키가 크고 피부가 구릿빛입니다. 그는 운동 능력이 뛰어나고 하이킹과 새로운 스포츠 하는 것을 정말 좋아합니다. 마지막으로 내 동생 하비에르는 아버지처럼 피부가 구릿빛입니다. 그는 사교적이어서 친구가 많습니다. 주말에 친구들과 외출하는 것을 좋아합니다. 우리는 여행을 가는 것과 함께 스포츠를 하며 이야기를 나누며 시간을 보내는 것을 좋아합니다. 나는 내 가족을 정말 좋아합니다.

Tarea 3

Examinador/a 시험관	Vive usted con sus padres y su hermano, ¿dónde viven?
	당신은 부모님, 형제와 함께 살고 있다고 하셨는데, 어디에 살고 있습니까?
Candidato/a 응시자	Vivo en un barrio no muy grande que está en el centro de la ciudad.
	저는 도시 중심에 있는 그리 크지 않은 동네에 살고 있습니다.
Examinador/a	¿Se lleva bien con su hermano mayor?
	오빠와 잘 지내나요?
Candidato/a	Sí, nos llevamos bien. Bueno, aunque a veces discutimos, jaja.
	네, 우리는 잘 지내고 있어요. 때때로 논쟁을 벌이지만요, 하하.
Examinador/a	¿Por qué discuten?
	왜 싸우시나요?
Candidato/a	Porque... mi hermano mayor es travieso y a veces me molesta porque me roba la ropa y la comida. Jaja.
	왜냐면… 오빠는 말썽꾸러기이고 가끔 내 옷과 음식을 훔쳐서 나를 괴롭히곤 해요. 하하.
Examinador/a	Bueno, eso siempre pasa entre hermanos. ¿Qué hace con su hermano normalmente?
	뭐, 형제끼리는 늘 그렇잖아요. 평소에 오빠와 뭘 하시나요?
Candidato/a	Vemos películas en casa y a veces cocinamos juntos. Nos encanta hablar de películas después de verlas.
	집에서 영화도 보고, 가끔은 같이 요리도 해요. 우리는 영화를 본 후 이야기를 나누는 것을 좋아합니다.
Examinador/a	Dice que sus padres trabajan, ¿están muy ocupados?
	부모님이 일하신다고 하는데 많이 바쁘신가요?
Candidato/a	Sí, entresemana ellos trabajan mucho, pero los fines de semana intentan pasar mucho tiempo con nosotros.
	네, 주중에는 일을 많이 하고, 주말에는 우리와 많은 시간을 보내려고 노력합니다.
Examinador/a	¿Qué hace su familia los fines de semana?
	가족들은 주말에 무엇을 합니까?
Candidato/a	Nos gusta comer fuera. Vamos mucho a nuevos restaurantes o cafeterías. Los domingos, por las mañanas casi siempre salimos a desayunar juntos.
	우리는 외식하는 걸 좋아해요. 우리는 새로운 레스토랑이나 카페에 많이 갑니다. 일요일 아침이면 우리는 거의 항상 함께 아침을 먹으러 나갑니다.

■ 시험 응시자가 시험관에게

1. ¿Vive usted con su familia?
   당신은 가족과 함께 사시나요?

2. ¿Le gusta pasar tiempo con su familia? y ¿qué suele hacer?
   당신의 가족과 시간을 함께 보내는 것을 좋아하나요? 무엇을 주로 하곤 하나요?

Prueba simulada
DELE
A1
Set 1

Simulacro 1

Prueba 1
Comprensión de lectura

Prueba 2
Comprensión auditiva

Prueba 3
Expresión e interacción escritas

Prueba 4
Expresión e interacción orales

Prueba

01

Comprensión de lectura

DELE **A1**

Prueba 1. Comprensión de lectura

Esta prueba tiene cuatro tareas. Usted debe responder a 25 preguntas.

La duración es de 45 minutos.

Usted debe marcar o escribir únicamente en la Hoja de respuestas.

Tarea 1

INSTRUCCIONES

Usted va a leer la presentación de Gabriela en un blog. A continuación, tiene qu leer las preguntas (de la 1 a la 5) y seleccionar la opción correcta (A, B o C).

Tiene que marcar la opción elegida en la **Hoja de respuestas**.

0.   A☐   B☐   C☐

BLOS 'AMIGOS'

¡Hola a todos!

Me llamo Gabriela y vivo en San Sebastián. Ya llevo dos años en San Sebastián estudiando en la universidad. Ahora estudio Informática y trabajo en la biblioteca de la universidad. Tengo 20 años y vivo compartiendo un piso con tres compañeros. Ellos son muy simpáticos y salgo mucho con ellos los fines de semana.

De lunes a viernes me levanto a las nueve de la mañana, antes de ir a clase, voy al gimnasio a hacer ejercicio. A mí me gusta hacer deporte. Tengo tres o cuatro clases al día y, después de terminar mis clases, voy a la biblioteca para trabajar. Trabajo tres horas al día. Me gusta trabajar allí porque no es un trabajo difícil y está cerca de casa. Y a veces me quedo allí más para estudiar. Después de volver a casa, preparo la cena y ceno. A veces, ceno sola, pero prefiero cenar con otras personas.

Los fines de semana prefiero salir a hacer senderismo o a hacer algunas actividades al aire libre. Me interesa cualquier actividad acuática, por ejemplo, ir a bucear. Me encanta vivir cerca del mar.

Hasta pronto,

Gabriela

1. Gabriela escribe en el blog que...

    A) estudia en San Sebastián.

    B) es de San Sebastián.

    C) lleva 20 años en San Sebastián.

2. Gabriela vive...

    A) sola.

    B) con compañeros de piso.

    C) con su familia.

3. Entresemana Gabriela...

    A) sale con sus amigos.

    B) hace actividades al aire libre.

    C) va al gimnasio.

4. Gabriela dice que la biblioteca...

    A) es tranquila.

    B) está cerca de su casa.

    C) no es buena para trabajar.

5. ¿Dónde quiere estar Gabriela los fines de semana?

    A)   B)   C)

INSTRUCCIONES

Usted va a leer unos mensajes. Tiene que relacionar los mensajes (A - J) con las frases (de la 6 a la 11).

Hay diez mensajes, incluido el ejemplo. Tiene que seleccionar seis.

Tiene que marcar las opciones elegidas en la **Hoja de respuestas**.

Ejemplo:

Frase 0: Tienen que ir a la quinta planta.

La opción correcta es la letra **A** porque las clases son en la quinta planta.

0. A■ B☐ C☐ D☐ E☐ F☐ G☐ H☐ I☐ J☐

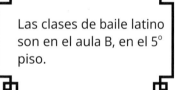

Las clases de baile latino son en el aula B, en el 5° piso.

A

Fecha de caducidad

Consumir preferiblemente antes del 12 de septiembre de 2025.

B

Cajero automático
Fuera de Servicio

C

PROHIBIDO COMER Y BEBER EN LA BIBLIOTECA

Hay que respetar a otros compañeros para usar el espacio.

D

Menú del día

Primer plato : ensalada de verduras.
Segundo plato : ternera a la plancha
o pescado al horno.
Bebida y postre incluidos.
14 euros en interior y 15 en terraza.

E

Lista de compras

- gel de baño
- leche
- huevos

F

LLAME AL TIMBRE Y ESPERA.

G

MODA XXI

Abierto solo por las mañanas
en agosto.

H

SILENCIO, POR FAVOR.
ESTAMOS EN EL HOSPITAL.

I

TEATRO ESTRELLA

Los jueves, día del espectador, la entrada
cuesta 7 euros para todas las edades.

J

	FRASES	MENSAJES
0.	Tienen que ir a la quinta planta.	A
6.	Es más barato estar dentro del lugar.	
7.	Quiere ir al supermercado.	
8.	No se puede comer nada.	
9.	Cierra por las tardes.	
10.	No funciona.	
11.	No deben hablar en voz alta.	

INSTRUCCIONES

Usted va a leer unos anuncios informativos sobre ofertas de trabajo. Tiene que relacionar los anuncios (A-J) con los textos (del 12 al 17). Hay diez anuncios, incluido el ejemplo. Seleccione seis.

Tiene que marcar la opción elegida en la **Hoja de respuestas**.

Ejemplo:

Texto 0: Soy panadera y me gusta hacer pan. Puedo trabajar solo los sábados y domingos.

La opción correcta es la letra A.

0.   A ■   B ☐   C ☐   D ☐   E ☐   F ☐   G ☐   H ☐   I ☐   J ☐

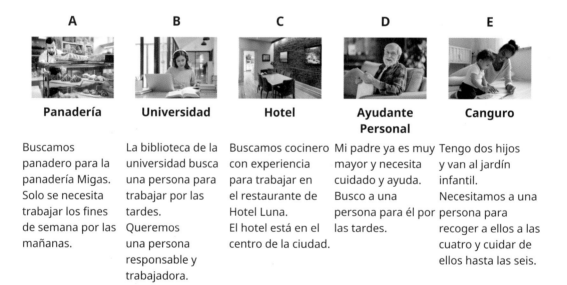

A	B	C	D	E
Panadería	**Universidad**	**Hotel**	**Ayudante Personal**	**Canguro**
Buscamos panadero para la panadería Migas. Solo se necesita trabajar los fines de semana por las mañanas.	La biblioteca de la universidad busca una persona para trabajar por las tardes. Queremos una persona responsable y trabajadora.	Buscamos cocinero con experiencia para trabajar en el restaurante de Hotel Luna. El hotel está en el centro de la ciudad.	Mi padre ya es muy mayor y necesita cuidado y ayuda. Busco a una persona para él por las tardes.	Tengo dos hijos y van al jardín infantil. Necesitamos a una persona para recoger a ellos a las cuatro y cuidar de ellos hasta las seis.

	F	G	H	I	J

	Hospital	**Hotel**	**Banco**	**Escuela**	**Gimnasio**

El hospital Centro busca un/a médico/a para trabajar por las noches.
El hospital ofrece dormitorio para descansar.

El hotel Mar busca personal simpático y con experiencia.
El horario de trabajo es de 15:00h a 22:00h, de miércoles a domingo.

Buscamos una persona seria y trabajadora.
No se necesita experiencia.
Va a trabajar de 8:00h a 12:00h.

Necesitamos un/una profesor/a de inglés en la escuela primaria.
El horario es de 13:00h a 17:00h.

Nuestro gimnasio Power busca personal amable para atender a los clientes. No se necesita experiencia.

	TEXTOS		
0.	Soy panadera y me gusta hacer pan. Puedo trabajar solo los sábados y domingos.		A
12.	Me gusta enseñar idiomas a niños. Quiero trabajar en centros educativos.		
13.	Yo estudio Contabilidad en la universidad. Y busco un trabajo por las mañanas.		
14.	Llevo 3 meses buscando trabajo como recepcionista. No tengo experiencia pero me interesa trabajar en el sector de servicios.		
15.	Soy cocinera de comida italiana. Vivo en el centro de la ciudad y busco un restaurante no muy lejano.		
16.	Me gusta aprender cosas leyendo algo. Tengo todas las tardes libres así que puedo trabajar durante esas horas.		
17.	Tengo dos hermanos pequeños y soy buena cuidando de ellos. Puedo trabajar solo unas tres horas.		

INSTRUCCIONES

Usted va a leer información sobre actividades de invierno en Bariloche en Internet. A continuación, tiene que leer las preguntas (de la 18 a la 25) y seleccionar la opción correcta (A, B o C).

Tiene que marcar la opción elegida en la **Hoja de respuestas**.

0.   A☐   B☐   C☐

Bariloche Invierno
Para disfrutar toda la nieve de Bariloche

Esquí Nórdico	Noche Nórdica	Cerro Catedral y Circuito Chico	Clases de Snowboard	Villa la Angostura y Cerro Bayo
¿Te interesa intentar esquiar y caminar en la nieve? Practica y disfruta en familia.	Una excursión mágica. Paseo por un bosque nevado y cena.	Combina las dos excursiones más importantes de Bariloche en un solo día. Visitar lugares turísticos y simbólicos.	No debes perderte esta oportunidad única para aprender snowboard en el centro de esquí más importante de Sudamérica.	Conocer una montaña típica de la Patagonia y su centro de Esquí especialmente preparado para toda la familia.
Lugar: Centro de Esquí Nórdico	**Lugar:** Bosque de Lengas	**Lugar:** Lago Nahuel Huapi	**Lugar:** Centro de esquí	**Lugar:** Villa la Angostura
Duración: 5hrs.	**Duración:** 3hrs.	**Duración:** 8hrs.	**Duración:** 8hrs.	**Duración:** 8hrs.
Días de salida: Lunes a Domingo. De 10:30 h a 15:30 h.	**Horarios de salida:** De Viernes a Domingos. A 18 h y a 20 h.	**Días de salida:** Todos los días a las 10:00 h.	**Días de salida:** Lunes a sábado. De 8:30 h a 16:30 h.	**Días se salida:** Lunes, Miércoles y Viernes. A las 9:00 h.
Incluye: Guía español/ portugués, Equipo de Esquí Nórdico (esquí, botas y bastones), Clase privada.	**Incluye:** Guía español / portugués, Cena.	**Incluye:** Transporte, Guía español, Comida y bebida.	**Incluye:** Equipo de snowboard (tabla+botas), Clase grupal, Ropa de invierno.	**Incluye:** Transporte, Guía español/ portugués.

18. Noche Nórdica se hace...

    A) el miércoles.

    B) el jueves.

    C) el viernes.

19. Para asistir a la clase de snowboard tiene que ir al...

    A) centro de esquí.

    B) Lago Nahuel Huapi.

    C) Bosque de Lengas.

20. La excursión de Villa la Angostura y Cerro Bayo dura...

    A) seis horas más o menos.

    B) justamente siete horas.

    C) menos de diez horas.

21. A las seis de la tarde empieza...

    A) Cerro Catedral y Circuito Chico.

    B) Noche Nórdica.

    C) Villa la Angostura y Cerro Bayo.

22. Esquí Nórdico no incluye...

    A) guía español.

    B) cena.

    C) botas.

23. El domingo no se realiza...

    A) Clase de Snowboard.

    B) Cerro Catedral y Circuito Chico.

    C) Noche Nórdica.

24. Puedes hacer dos excursiones en...

    A) Esquí Nórdico.

    B) Clases de Snowboard.

    C) Cerro Catedral y Circuito Chico.

25. No está incluido el transporte en...

    A) Noche Nórdica.

    B) Cerro Catedral y Circuito Chico.

    C) Villa la Angostura y Cerro Bayo.

Prueba

02

Comprensión auditiva

DELE **A1**

Prueba 2. Comprensión auditiva

Escuche con atención todas las instrucciones. La prueba de comprensión auditiva tiene 4 tareas. Usted deberá responder a 25 preguntas.

Esta prueba dura 25 minutos. Conteste a las preguntas en la hoja de respuestas.

Tarea 1

INSTRUCCIONES

Usted va a escuchar cinco conversaciones. Hablan dos personas. Las conversaciones se repiten dos veces. Hay una pregunta y tres imágenes (A, B y C) para cada conversación. Usted tiene que seleccionar la imagen que responde a la pregunta.

Tiene que marcar las opciones elegidas en la **Hoja de respuestas**.

Ahora va a escuchar un ejemplo.

0. ¿A qué hora empieza el concierto?

A

B

C

La opción correcta es la letra **A**.

0. A ■ B ☐ C ☐

1. ¿Dónde va a estar la chica hoy?

A

B

C

228

2. ¿A qué hora sale el tren?

A

B

C

3. ¿Qué busca el hombre?

A

B

C

4. ¿A dónde van ellos?

A

B

C

5. ¿A dónde va a cenar la mujer?

A

B

C

Tarea 2

INSTRUCCIONES

Usted va a escuchar cinco mensajes. Cada mensaje se repite dos veces. Tiene que relacionar las imágenes (de la A a la I) con los mensajes (del 6 al 10). Hay nueve imágenes, incluido el ejemplo. Seleccione cinco.

Tiene que marcar las opciones elegidas en la **Hoja de respuestas**.

Ahora va a escuchar un ejemplo. Atención a las imágenes.

Mensaje 0: Chicos, vamos a empezar la clase. ¡Sentaos!

La opción correcta es la letra **F**.

0. A☐ B☐ C☐ D☐ E☐ F■ G☐ H☐ I☐

	MENSAJES	IMÁGENES
0.	Mensaje 0	F
6.	Mensaje 1	
7.	Mensaje 2	
8.	Mensaje 3	
9.	Mensaje 4	
10.	Mensaje 5	

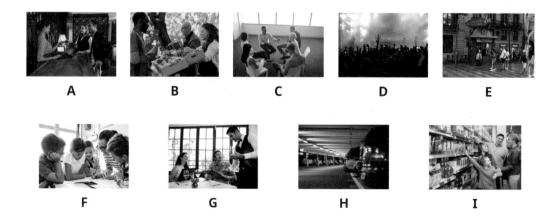

A   B   C   D   E

F   G   H   I

INSTRUCCIONES

Usted va a escuchar a una chica, Carolina, que habla sobre la rutina diaria de unos amigos suyos. La información se repite dos veces. A la izquierda están los nombres de los amigos de Carolina. A la derecha, la información sobre ellos. Usted tiene que relacionar los números (del 11 al 18) con las letras (de la A a la L).

Hay doce letras, incluido el ejemplo. Seleccione ocho.

Tiene que marcar las opciones elegidas en la **Hoja de respuestas**.

Ahora va a escuchar un ejemplo.

CHICA: Hola, yo soy Carolina y tengo muchos amigos. Voy a hablar de la rutina diaria de unos amigos míos. Primero Pablo, todos los días se levanta a las ocho de la mañana para ir a la universidad a estudiar.

La opción correcta es la letra **F**.

0. A☐ B☐ C☐ D☐ E☐ F■ G☐ H☐ I☐ J☐ K☐ L☐

0.	Pablo	C
11.	Noa	
12.	Mateo	
13.	Amelia	
14.	Rafael	
15.	Pilar	
16.	Bruno	
17.	Regina	
18.	Alexa	

A	ayuda mucho a sus amigos.
B	va a una cafetería a desayunar.
C	hace mucho ejercicio.
D	cocina para desayunar.
E	tiene mucho trabajo.
F	es estudiante universitario.
G	trabaja en una escuela.
H	duerme mucho.
I	va mucho de fiesta.
J	ve muchas películas.
K	se acuesta temprano.
L	aprende un nuevo idioma.

Tarea 4

INSTRUCCIONES

Usted va a escuchar a un hombre, Alejandro, que habla de los miembros de su familia. Va a escuchar la conversación dos veces. Usted tiene siete frases (de la 19 a la 25) que no están completas. Tiene que leer las frases y seleccionar una opción del cuadro (de la A a la I) para completar las frases, como en el ejemplo.

Hay nueve letras, incluido el ejemplo. Seleccione siete.

Tiene que marcar las opciones elegidas en la **Hoja de respuestas**.

Ahora tiene 30 segundos para leer las frases.

Ejemplo:

0. A☐ B☐ C☐ D☐ E☐ F☐ G☐ H■ I☐

		A	jugar al fútbol
0.	Alejandro está de ___H___.	B	dos
19.	Alejandro tiene _____ hijos.	C	la piscina
20.	Su primer hijo tiene _____ años.	D	Alma
21.	Su hija se llama _____.	E	viajar
22.	Su hija prefiere _____.	F	quince
23.	Sus hijos van juntos a _____.	G	tres
24.	Su mujer quiere _____ a Japón.	H	vacaciones
25.	Su mujer va a clase _____ veces a la semana.	I	leer libros

❖ NOTA

Prueba

03

Expresión e interacción escritas

DELE **A1**

Prueba 3. Expresión e interacción escritas

Número de tareas: 2

Duración: 25 minutos

Tarea 1

INSTRUCCIONES

Usted quiere recibir información en su casa de un centro comercial. Complete la solicitud.

Top Mall	
Tarjeta de cliente	
Por favor, complete este formulario.	
NOMBRE:	APELLIDO(S):
NACIONALIDAD:	
LUGAR DE NACIMIENTO:	
FECHA DE NACIMIENTO: DÍA MES AÑO	
TELÉFONO:	
CORREO ELECTRÓNICO:	
DIRECCIÓN	
CALLE:	NÚMERO _____ PISO _____
CUIDAD:	PAÍS:
Por favor, responda a siguientes preguntas.	
¿En qué tienda suele comprar?	
¿Cuántas veces va al centro comercial Top Mall?	
Estoy interesado/a en recibir información sobre:	

INSTRUCCIONES

Usted quiere viajar a Nueva York, Estados Unidos. Escriba un correo electrónico a un amigo que vive en ese lugar para pedir información. En él debe:

– saludar;

– decir por qué quiere viajar a Nueva York;

– explicar qué quiere hacer y qué lugares desea visitar;

– despedirse.

Número de palabras recomendadas: 30 y 40.

Prueba

04

Expresión e interacción orales

DELE **A1**

Expresión e interacción orales

INSTRUCCIONES

La prueba de Expresión e interacción orales tiene tres tareas:

• TAREA 1: Presentación personal (1-2 minutos).

• TAREA 2: Exposición de un tema (2-3 minutos).

• TAREA 3: Conversación con el/la entrevistador/a (3-4 minutos).

Para la preparación de las tareas 1 y 2, dispone de 10 minutos antes de la prueba.

Tarea 1. Presentación personal del candidato

El/La candidato/a debe preparar su presentación personal para hablar durante 2 minutos. En su preparación podrá tomar notas que después puede llevar a la sala de examen. Deberá tratar todos los aspectos recogidos en la lámina, que es única para todos los candidatos.

Esta tarea es un monólogo breve, no es una conversación con el/la entrevistador/a, que no participará haciendo preguntas al/a la candidato/a. En los dos minutos que tiene el/la candidato/a para hablar puede mirar las notas que ha tomado en la preparación de la tarea pero no leerlas.

- • Nombre
- • Edad
- • Nacionalidad
- • Lugar donde vive
- • Profesión o estudios
- • Carácter, personalidad
- • Lenguas que habla

Esta es la lámina que tiene el/la candidato/a:

Tarea 1. Presentación personal del candidato

INSTRUCCIONES

Usted tiene que preparar su presentación personal para hablar uno o dos minutos aproximadamente. Tiene que hablar sobre los siguientes aspectos:

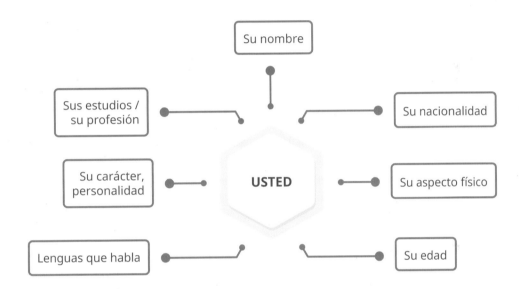

Tarea 2. Exposición de un tema

El personal de apoyo ofrece al/a la candidato/a dos láminas. El/La candidato/a escoge una de ellas. Cada lámina incluye cinco opciones. El/La candidato/a elegirá tres de ellas para desarrollar su exposición durante dos o tres minutos aproximadamente.

En un cuadro en la parte inferior de la lámina se recogen algunas sugerencias para que el/la candidato/a las utilice como apoyo, si lo desea. El/La candidato/a debe preparar su exposición para hablar de 2 a 3 minutos. En su preparación podrá tomar notas que después puede llevar a la sala de examen. Durante el monólogo puede mirar las notas pero no leerlas.

El/La entrevistador/a, al margen de dar instrucciones, no interviene durante el desarrollo de la tarea, ya que se trata de un monólogo.

Una vez concluida la exposición, el/la examinador/a dará paso a la Tarea 3, en la que hará algunas preguntas al/a la candidato/a sobre el tema de la Tarea 2.

Tarea 2

INSTRUCCIONES

Usted tiene que seleccionar tres de las cinco opciones para hablar durante dos o tres minutos aproximadamente.

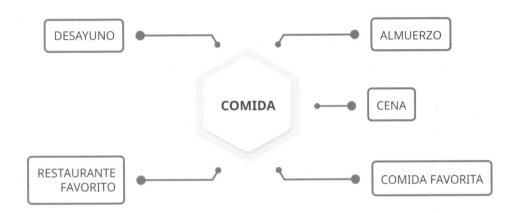

INSTRUCCIONES TAREA 3

- El/La entrevistador/a le va a hacer unas preguntas sobre el tema de la Tarea 2.
- Después, usted va a hacer dos preguntas al/a la entrevistador/a sobre el tema de la Tarea 2.

Prueba simulada
DELE
A1
Set 2

Simulacro 2

Prueba 1
Comprensión de lectura

Prueba 2
Comprensión auditiva

Prueba 3
Expresión e interacción escritas

Prueba 4
Expresión e interacción orales

Prueba

01

Comprensión de lectura

DELE **A1**

Prueba 1. Comprensión de lectura

Esta prueba tiene cuatro tareas. Usted debe responder a 25 preguntas.

La duración es de 45 minutos.

Usted debe marcar o escribir únicamente en la Hoja de respuestas.

¡Hola, mis amigos!

Vais a llegar este sábado, ¿no? Ya tengo todo el plan para viajar por Granada. Seguro que os va a gustar y vamos a pasarlo muy bien.

El primer día por la noche creo que tenéis que descansar. Solo cenamos en un restaurante cerca del hotel y nos acostamos pronto. Y al día siguiente vamos a ir a la Alhambra, es el lugar más famoso de Granada. Es un lugar muy grande y creo que necesitamos más de cinco horas para verlo. Después de visitarlo, vamos a ir a ver flamenco a un bar. Allí cenamos y tomamos algo.

El lunes, vamos a pasear por el barrio del Albaicín. Es uno de los barrios más típicos de Granada. Podemos ver arquitectura histórica y sacar fotos allí. Por la noche, vamos a cenar en casa de mi tío. Está cerca de la Catedral de Granada. Él quiere prepararnos la cena y enseñarnos la catedral. Vamos a cenar y salir a verla.

No puedo esperar a veros, chicos. ¡Nos vemos pronto!

1. En este correo, los amigos de Daniela llegan a Granada...

    A) el viernes.

    B) el sábado.

    C) el domingo.

2. El sábado por la noche, Daniela piensa que es mejor...

    A) salir a tomar algo.

    B) visitar la Alhambra.

    C) descansar.

3. Según Daniela, para ver la Alhambra van a pasar...

    A) todo el día.

    B) unas horas.

    C) varios minutos.

4. En el texto se dice que...

    A) en el Albaicín se puede ver arquitectura histórica.

    B) el Albaicín es una catedral famosa.

    C) el lunes por la noche ellos van a ver flamenco.

5. El tío quiere enseñar a sus amigos...

    A)   B)   C)

INSTRUCCIONES

Usted va a leer unos mensajes. Tiene que relacionar los mensajes (A - J) con las frases (de la 6 a la 11).

Hay diez mensajes, incluido el ejemplo. Tiene que seleccionar seis.

Tiene que marcar las opciones elegidas en la **Hoja de respuestas**.

Ejemplo:

Frase 0: Cena familiar.

La opción correcta es la letra **G**, porque tiene la cena en la casa de la abuela.

0. A☐ B☐ C☐ D☐ E☐ F☐ G■ H☐ I☐ J☐

¡AVISO!
Se informa de que mañana,
15 de mayo NO HAY CLASES

A

19:30 h.
INVITACIÓN JUANA
Y RAÚL A CENAR.

B

AVISO

El horario de Atención
en oficina es de 10:30 a 3:00 PM.
Sábados y domingos cerrados.
Gracias por su comprensión.

C

Busco a compañero de piso
una habitación grande con el
baño privado
muy cerca de la estación de
metro

D

SUPERMERCADO HIPER

ofertas de la semana: yogur Dado: 5% menos.
Cerezas de Jerte: 2.50 euros el kilo

E

VENTA UN PISO PARA FAMILIA

EN LA CALLE ÁNGEL

INMOBILIARÍA 2000

F

A las ocho,
cenar en la casa de
la abuela.

G

SE PROHIBE

TIRAR PAPELES AL SUELO

H

INFORMACIÓN CULTURAL

Concierto del grupo de cantante
argentino
viernes y sábado, a las 21
parque central
entrada gratis

I

*No se puede utilizar esta sala
de lectura hasta previo aviso.*

Disculpen las molestias.

J

	FRASES	MENSAJES
0.	Cena familiar.	G
6.	No se abre los fines de semana.	
7.	Quiere alquilar una habitación.	
8.	Quiere vender un piso.	
9.	No tiene que pagar.	
10.	Un día del mes no tiene clases.	
11.	Se puede comprar algún producto más barato.	

INSTRUCCIONES

Usted va a leer unos anuncios informativos sobre casas. Tiene que relacionar los anuncios (A-J) con los textos (del 12 al 17). Hay diez anuncios, incluido el ejemplo. Selecciones seis.

Tiene que marcar la opción elegida en la **Hoja de respuestas**.

Ejemplo:

Texto 0: Somos una gran familia: padre, madre, tres hijos. Necesitamos mínimo cinco dormitorios y dos baños.

La opción correcta es la letra **A**.

0.   A ■   B □   C □   D □   E □   F □   G □   H □   I □   J □

A	B	C	D	E
VENTA	**ALQUILER**	**VENTA**	**VENTA LOCAL**	**ALQUILER**
SE VENDE CASA GRANDE	ALQUILAMOS CHALET	SE VENDE CHALET CON PISCINA	VENDO LOCAL	INMOBILIARIA CRAI
Con ascensor, 5 habitaciones, 2 baños, salón comedor, cocina recién reformada. Muy luminoso por 87.000 €.	Alquiler de invierno. (de octubre a febrero) Ubicada en la montaña de Santa Eulalia con la vista al mar. 4 dormitorios, 2 baños, cocina, salón comedor.	Jardín grande con árboles y piscina al aire libre. Garaje con plazas de dos coches. Ideal para los jubilados.	En C/ Cerdeña, 10. 38m². Luz, agua, posibilidad de aparcamiento. Perfecto para restaurante. Precio 45,000	Alquiler apartamentos en Sevilla. Céntricos, 1 dormitorio, 1 baño, 1 salón comedor. Exteriores y amueblados. 600 € mes.

	F	G	H	I	J
	ALQUILER	**VENTA**	**ALQUILER**	**ALQUILER**	**ALQUILER**

F	G	H	I	J
CASA EN ALQUILER EN PALOMO.	SE VENDE CASA DE MADERA DE 80m².	ALQUILER DE CASA EN LA MONTAÑA	SE ALQUILA	SE ALQUILA CASA
Casa amueblada, 4 habitaciones 2 baños, cocina equipada. Todas las habitaciones con acceso jardín.	Ideal para casa de campo. 4 habitaciones, salón grande, cocina, baño y terraza. Precio: 12,000 €	Vive en la montaña y respira aire puro. Vivienda cerca del parque natural. 2 habitaciones, 1 baño, cocina y salón.	TOTALMENTE AMOBLADO Con 3 habitaciones, 3 baños, cocina empotrada, sala principal y sala de estar, 2 puestos de aparcamiento.	Cerca del mar, a 5 minutos de la playa. Perfecto para casa de vacaciones. Sala, comedor, cocina, un baño, tres habitaciones.
Alquiler 850 € mes		1.200 € mes		

	TEXTOS		
0.	Somos una gran familia: padre, madre, tres hijos. Necesitamos mínimo cinco dormitorios y dos baños.		A
12.	Mi mujer y yo ya estamos aburridos de vivir en el centro de la ciudad y queremos irnos a vivir a una casa en la montaña. Nos gusta pasear por el parque.		
13.	Trabajo en una oficina que está en el centro de la ciudad. Busco un apartamento cerca del trabajo. Prefiero uno exterior.		
14.	Quiero ir un mes de vacacione de verano a la playa con todos mis amigos.		
15.	Mi marido y yo estamos jubilados. Queremos comprar una casa que tenga piscina. Nos encanta nadar al aire libre.		
16.	Yo soy cocinero y estoy buscando un local para abrir un restaurante. Es mejor si tiene sitio para coches.		
17.	Somos un grupo de amigos. Estamos buscando una casa grande para pasar el invierno con todos mis amigos. Nos gustan las montañas y el mar.		

INSTRUCCIONES

Usted va a leer la información del catálogo de talleres y cursos en la página web del Ayuntamiento de Madrid. A continuación, tiene que leer las preguntas (de la 18 a la 25) y seleccionar la opción correcta (A, B o C).

Tiene que marcar la opción elegida en la **Hoja de respuestas**.

0. A☐   B☐   C☐

Cursos y talleres de los centros culturales
septiembre - noviembre

PROGRAMACIÓN Y ROBÓTICA	DIBUJO Y PINTURA	AEROBAILE	TEATRO	HISTORIA DEL ARTE
Enseñamos a los más jóvenes con los principios de la robótica y la programación de manera divertida, creando sus propios robots.	Aprender a pintar o perfeccionar cada alumno su técnica favorita. Fomentar la creación individual del alumno y la pasión por el dibujo.	Actividad aeróbica donde se realizan diferentes estilos de bailes de salón y latinos.	Aprender cómo expresar emociones y desarrollar habilidades de una manera divertida, interesante.	Despertar la creatividad y la curiosidad con obras de grandes artistas como Van Gogh, Picasso, Warhol, Klee...
Edad: De 7 a 16 años	**Edad:** Menos de 12 años	**Edad:** Mayor de 16 años	**Edad:** De 8 a 13 años	**Edad:** Mayor de 16 años
Lugar: Centro "Nicolas Salmeron"	**Lugar:** Centro Juvenil "Luis Gonzaga"	**Lugar:** Centro San Juan Bautista	**Lugar:** Centro Juvenil "Luis Gonzaga"	**Lugar:** Centro Socio Cultural San Francisco - La Prensa
Horario: Jueves De 17:00 h a 19:00 h.	**Horario:** Martes y jueves 17:30 h - 18:30 h.	**Horario:** Lunes 19:00 h – 21:00 h.	**Horario:** Viernes 17:30 h - 19:00 h.	**Horario:** Sábado 10:00 h – 12:00 h.
Precio: 30 euros	**Precio:** 27 euros	**Precio:** 22 €	**Precio:** 19 €	**Precio:** 30 €

18. Durante los fines de semana se puede ir al curso de…

    A) dibujo y pintura.

    B) teatro.

    C) historia del arte.

19. Los niños de seis años pueden ir al curso de…

    A) dibujo y pintura.

    B) programación y robótica.

    C) teatro.

20. El curso de teatro termina…

    A) a las cinco de la tarde.

    B) a las seis de la tarde.

    C) a las siete de la tarde.

21. En el taller de programación y robótica, se puede…

    A) aprender teatro.

    B) crear máquinas científicas.

    C) realizar bailes.

22. A las siete de la tarde empieza el curso de…

    A) dibujo y pintura.

    B) teatro.

    C) aerobaile.

23. El curso de dibujo y pintura se realiza…

    A) un día por semana.

    B) dos días por semana.

    C) tres días por semana.

24. Los alumnos mayores de dieciséis años pueden ir al curso de…

    A) dibujo y pintura.

    B) teatro.

    C) aerobaile.

25. El curso que tiene el precio más barato es de…

    A) aerobaile.

    B) teatro.

    C) dibujo y pintura.

Prueba
02

Comprensión auditiva

Prueba 2. Comprensión auditiva

Escuche con atención todas las instrucciones. La prueba de comprensión auditiva tiene 4 tareas. Usted deberá responder a 25 preguntas.

Esta prueba dura 25 minutos. Conteste a las preguntas en la hoja de respuestas.

Tarea 1

INSTRUCCIONES

Usted va a escuchar cinco conversaciones. Hablan dos personas. Las conversaciones se repiten dos veces. Hay una pregunta y tres imágenes (A, B y C) para cada conversación. Usted tiene que seleccionar la imagen que responde a la pregunta.

Tiene que marcar las opciones elegidas en la **Hoja de respuestas**.

Ahora va a escuchar un ejemplo.

0. ¿A qué hora empieza la clase?

A

B

C

La opción correcta es la letra **B**.

0.   A☐   B■   C☐

1. ¿Dónde están las llaves?

A

B

C

258

2. ¿Dónde van a verse?

A

B

C

3. ¿Qué hace la mujer mañana?

A

B

C

4. ¿Cómo va a la escuela la mujer?

A

B

C

5. ¿Dónde está el hombre ahora?

A

B

C

Tarea 2

Ahora va a escuchar un ejemplo. Atención a las imágenes.

Mensaje 0: Vamos a limpiar la casa.

La opción correcta es la letra **A**.

0.   A ■   B ☐   C ☐   D ☐   E ☐   F ☐   G ☐   H ☐   I ☐

	MENSAJES	IMÁGENES
0.	Mensaje 0	A
6.	Mensaje 1	
7.	Mensaje 2	
8.	Mensaje 3	
9.	Mensaje 4	
10.	Mensaje 5	

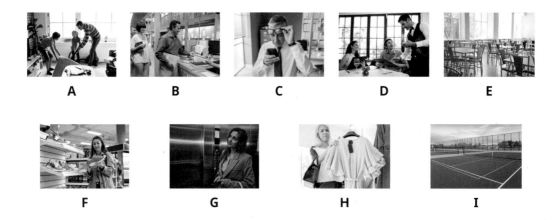

A   B   C   D   E

F   G   H   I

INSTRUCCIONES

Usted va a escuchar a una mujer, Noa, que habla sobre lugares en su barrio. La información se repite dos veces. A la izquierda, están los lugares. A la derecha, la información sobre ellos. Usted tiene que relacionar los números (del 11 al 18) con las letras (de la A a la L).

Hay doce letras, incluido el ejemplo. Seleccione ocho.

Tiene que marcar las opciones elegidas en la **Hoja de respuestas**.

Ahora va a escuchar un ejemplo.

CHICA: Soy Noa y vivo en un barrio de Sevilla, al sur de España. Mi barrio no es muy grande, pero es bonito. Primero hay una cafetería a la que todas las mañanas voy. Venden buen café y el dueño es muy simpático.

La opción correcta es la letra **A**.

0. A■ B☐ C☐ D☐ E☐ F☐ G☐ H☐ I☐ J☐ K☐ L☐

0.	La cafetería	A
11.	El hospital	
12.	La carnicería	
13.	La panadería	
14.	El gimnasio	
15.	El restaurante	
16.	La escuela	
17.	La iglesia	
18.	El parque	

A	tiene buen café.
B	es histórica.
C	tiene piscina.
D	está abierto siempre.
E	es bueno para pasear.
F	tiene ofertas los miércoles.
G	es bonito.
H	no es grande.
I	abre temprano.
J	abre los fines de semana.
K	es grande.
L	es de comida coreana.

Tarea 4

INSTRUCCIONES

Usted va a escuchar a un hombre, Martín, que explica a una amiga cómo es su nuevo piso y los muebles que hay en cada habitación. Va a escuchar la conversación dos veces. Usted tiene siete frases (de la 19 a la 25) que no están completas. Tiene que leer las frases y seleccionar una opción del cuadro (de la A a la I) para completar las frases, como en el ejemplo.

Hay nueve letras, incluido el ejemplo. Seleccione siete.

Tiene que marcar las opciones elegidas en la **Hoja de respuestas**.

Ahora tiene 30 segundos para leer las frases.

Ejemplo:

0.　A■　B☐　C☐　D☐　E☐　F☐　G☐　H☐　I☐

0.	El piso de Martín no está ___A___.	**A**	organizado
		B	luminoso
19.	El piso tiene _____ baños.	**C**	el salón
20.	Martín va a vivir con _____.	**D**	dos
21.	Martín va a poner _____ en el balcón.	**E**	mesa y silla
22.	Martín usa el baño _____.	**F**	armario
23.	La madre de Martín va a pasar mucho tiempo en _____.	**G**	sus padres
24.	Al padre de Martín le gusta más _____.	**H**	la cocina
25.	El salón es _____.	**I**	solo

❖ NOTA

Prueba

03

Expresión e interacción escritas

DELE **A1**

Prueba 3. Expresión e interacción escritas

Número de tareas: 2

Duración: 25 minutos

Tarea 1

INSTRUCCIONES

Quiere solicitar una tarjeta de biblioteca. Por favor, complete el siguiente formulario.

DATOS DEL SOLICITANTE	
Solicitud de carné de la Biblioteca Central	
APELLIDOS:	NOMBRE:
FECHA DE NACIMIENTO:	
NACIONALIDAD:	
SEXO:	
TELÉFONO MÓVIL:	
CORREO ELECTRÓNICO:	
DIRECCIÓN HABITUAL	
C/	NÚMERO _____ PISO _____
CUIDAD:	PAÍS:
MEDIO DE RECEPCIÓN DE LA TARJETA ☐ Envío Postal (Indicar abajo dirección de envío.) ☐ Recogida en la biblioteca	
DOMICILIO CALLE Y NÚMERO: CIUDAD: PAÍS:	
PREGUNTAS PARA SOLICITANTES	
¿Con qué finalidad va a la biblioteca?	
¿Con qué frecuencia utiliza la biblioteca?	

INSTRUCCIONES

Usted quiere formar parte de un club deportivo. Tiene que escribir un correo electrónico a la dirección del club para presentarse. En él debe:

- saludar y presentarse;
- decir cómo es usted físicamente y qué deporte practica;
- explicar por qué motivo quiere formar parte del club;
- despedirse.

Número de palabras recomendadas: 30 y 40.

Prueba

04

Expresión e interacción orales

DELE **A1**

Expresión e interacción orales

Tarea 1. Presentación personal del candidato

El/La candidato/a debe preparar su presentación personal para hablar durante 2 minutos. En su preparación podrá tomar notas que después puede llevar a la sala de examen. Deberá tratar todos los aspectos recogidos en la lámina, que es única para todos los candidatos.

Esta tarea es un monólogo breve, no es una conversación con el/la entrevistador/a, que no participará haciendo preguntas al/a la candidato/a. En los dos minutos que tiene el/la candidato/a para hablar puede mirar las notas que ha tomado en la preparación de la tarea pero no leerlas.

- • Nombre
- • Edad
- • Nacionalidad
- • Lugar donde vive
- • Profesión o estudios
- • Carácter, personalidad
- • Lenguas que habla

Esta es la lámina que tiene el/la candidato/a:

Tarea 1. Presentación personal del candidato

INSTRUCCIONES

Usted tiene que preparar su presentación personal para hablar uno o dos minutos aproximadamente. Tiene que hablar sobre los siguientes aspectos:

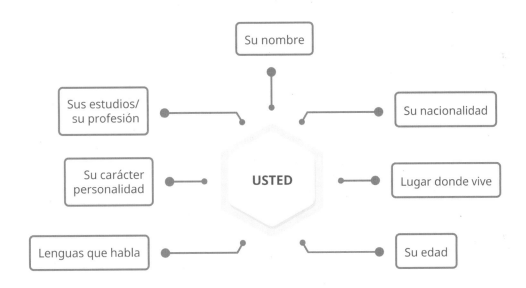

Tarea 2. Exposición de un tema

El personal de apoyo ofrece al/a la candidato/a dos láminas. El/La candidato/a escoge una de ellas. Cada lámina incluye cinco opciones. El/La candidato/a elegirá tres de ellas para desarrollar su exposición durante dos o tres minutos aproximadamente.

En un cuadro en la parte inferior de la lámina se recogen algunas sugerencias para que el/la candidato/a las utilice como apoyo, si lo desea. El/La candidato/a debe preparar su exposición para hablar de 2 a 3 minutos. En su preparación podrá tomar notas que después puede llevar a la sala de examen. Durante el monólogo puede mirar las notas pero no leerlas.

El/La entrevistador/a, al margen de dar instrucciones, no interviene durante el desarrollo de la tarea, ya que se trata de un monólogo.

Una vez concluida la exposición, el/la examinador/a dará paso a la Tarea 3, en la que hará algunas preguntas al/a la candidato/a sobre el tema de la Tarea 2.

Tarea 2

INSTRUCCIONES

Usted tiene que seleccionar tres de las cinco opciones para hablar durante dos o tres minutos aproximadamente.

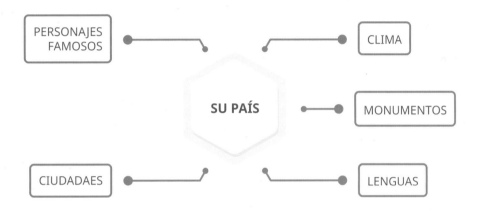

INSTRUCCIONES TAREA 3

- El/La entrevistador/a le va a hacer unas preguntas sobre el tema de la Tarea 2.
- Después, usted va a hacer dos preguntas al/a la entrevistador/a sobre el tema de la Tarea 2.

Prueba simulada

DELE
A1
Set 1
해설

Prueba 1
Comprensión de lectura

Prueba 2
Comprensión auditiva

Prueba 3
Expresión e interacción escritas

Prueba 4
Expresión e interacción orales

PRUEBA 1: COMPRENSIÓN DE LECTURA

정답				
1	2	3	4	5
A	B	C	B	C

▣ **지시문**

☑ 가브리엘라의 자기 소개

'친구들' 블로그

모두들 안녕!

나의 이름은 가브리엘라이고 산세바스티안에 살고 있어. 나는 산세바스티안 대학교에서 2년 동안 공부하고 있어. 지금은 컴퓨터 과학을 공부하고 대학 도서관에서 일하고 있어. 나는 20살이고 룸메이트 3명과 아파트를 공유하며 살고 있어. 그들은 매우 착하고 주말에 그들과 자주 외출을 해.

월요일부터 금요일까지 아침 9시에 일어나 수업에 가기 전에 체육관에 가서 운동을 해. 나는 스포츠를 좋아해. 하루에 3~4개의 수업이 있고, 수업이 끝나면 도서관에 출근해. 나는 하루에 세 시간씩 일해. 나는 그곳에서 일하는 것을 좋아해. 왜냐하면 그 일은 어렵지 않고 집 과도 가깝기 때문이야. 그리고 때로는 공부하기 위해 그곳에 더 오래 머물기도 해. 집에 돌아와서 저녁을 준비해서 저녁을 먹어. 혼자 저녁을 먹을 때도 있지만 다른 사람들과 함께 저녁을 먹는 것을 더 좋아해.

주말에는 하이킹을 하거나 야외 활동을 하는 것을 선호해. 나는 해변에 가거나 다이빙을 하는 등 모든 수상 활동에 관심이 있어. 나는 바다 근처에 사는 것이 정말 좋아.

안녕.

가브리엘라

1. 가브리엘라는 블로그에 작성하길...

　　A) 산 세바스티안에서 공부한다.

　　B) 산 세바스티안 출신이다.

　　C) 20년을 산 세바스티안에서 지내고있다.

체크 포인트　**가브리엘라가 쓰길...**

정답 A) 본문의 〈Ya llevo dos años en San Sebastián estudiando en la universidad; 산 세바스티안에서 대학교에서 공부하며 2년째 살고 있다〉 라고 언급하므로 정답이다.

2. 가브리엘라는 살고 있다…

    A) 혼자서

    B) 룸메이트들과 함께

    C) 그녀의 가족과 함께

체크 포인트 **가브리엘은 누구와 사는가?**

정답 B) 〈vivo compartiendo un piso con tres compañeros; 세명의 하우스 메이트들과 집을 공유하여 살고 있다〉에서 확인할 수 있다.

3. 주중에 가브리엘라는…

    A) 친구들과 놀러 나간다.

    B) 야외에서 활동을 한다.

    C) 체육관에 간다.

체크 포인트 **평일에 가브리엘라는?**

정답 C) 〈De lunes a viernes… voy al gimnasio a hacer ejercicio; 월요일부터 금요일까지 운동하러 체육관에 간다〉 평일을 의미하는 월요일부터 금요일까지 체육관에 간다는 것을 확인할 수 있다.

4. 가브리엘라가 말하기를 도서관은…

    A) 조용하다.

    B) 집에서 가까이에 있다.

    C) 일하기에 좋은 장소는 아니다.

체크 포인트 **도서관은…?**

정답 B) 본문의 〈Me gusta trabajar allí porque está cerca de casa; 나는 그곳(도서관)에서 일하는 것을 좋아한다. 왜냐하면 집에서 가까이에 있기 때문이다〉 문장에서 도서관의 위치에 대해 언급하고 있으므로 정답이다.

5. 가브리엘라가 주말에 있기를 원하는 장소는 어디인가?

    A) 도서관

    B) 체육관

    C) 해변

체크 포인트 **주말에 가브리엘라가 있고 싶어하는 곳은?**

정답 C) 〈Los fines de semana … a hacer algunas actividades al aire libre por ejemplo, ir a bucear.; 주말에는… 야외에서 활동 하는 것을 좋아한다, 예를들어 다이빙을 하러 가는 것〉에서 야외활동, 특히 바다에서의 활동들을 좋아하는 것을 확인할 수 있다.

PRUEBA 1: COMPRENSIÓN DE LECTURA

정답					
6	7	8	9	10	11
E	F	D	H	C	I

A: 라틴댄스 수업들은 B교실, 5층에서 열립니다.

B: 2025년 9월 12일 이전에 섭취하는 것이 좋습니다.

C: ATM기, 서비스 중단

D: 도서관 내에서는 음식물과 음료 금지. 이 공간을 이용하기 위해서는 다른 동료들을 존중해야 합니다.

E: 오늘의 메뉴, 첫 번째 코스 : 야채샐러드, 두 번째 코스 : 구운 쇠고기 또는 구운 생선, 음료와 디저트가 포함되어 있습니다.
실내 14유로, 테라스 15유로

F: 쇼핑리스트: 목욕 젤, 우유, 달걀

G: 초인종을 호출하고(누르고) 기다리세요.

H: 패션 XXI, 8월은 오전에만 오픈합니다.

I: 조용히 해주세요. 우리는 병원에 있습니다

J: 스타극장, 관객의 날인 목요일에는 입장료가 모든 연령대에 7유로입니다.

0. 5층으로 가야 합니다.

정답 A) 〈Las clases son en el 5° piso; 수업은 5층에서 열린다〉고 정보를 주고 있다.

6. 내부에서 더 저렴하다.

체크 포인트 más barato, en el interior; 더 저렴, 내부에서

정답 E) 〈14 euros en interior y 15 en terraza; 실내에서는 14유로 테라스에서는 15유로〉 내부가 더 저렴하다고 언급하고 있다.

7. 마트에 가고 싶어한다.

체크 포인트 quiere, supermercado; 원함, 마트

정답 F) 〈lista de compras; 쇼핑리스트〉 구매할 것들의 리스트와 마트를 연결할 수 있으므로 정답은 F)이다.

8. 먹을 수도 마실 수도 없다.

체크 포인트 no comer nada; 아무것도 먹지 못한다

정답 D) 〈prohibido comer y beber en la biblioteca; 도서관 내에서는 음식물과 음료 금지〉에서 답을 찾아볼 수 있다.

9. 오후에는 닫는다.

체크 포인트 cierra, por las tardes; 닫는다, 오후에

정답 H) 〈Abierto solo por las mañanas; 오전에만 열려 있음〉 오전에만 열기 때문에 오후에는 닫는다.

10. 작동하지 않는다.

체크 포인트 no funciona; 작동하지 않음

정답 C) 〈fuera de servicio; 서비스 중단〉과 일치한다.

11. 큰 소리로 이야기 해서는 안된다.

체크 포인트 no hablar en voz alta; 큰 소리로 이야기하면 안된다

정답 I) 〈silencio; 조용히〉라고 언급하므로 크게 이야기하면 안되는 I)가 정답이다.

PRUEBA 1: COMPRENSIÓN DE LECTURA

정답					
12	13	14	15	16	17
I	H	J	C	B	E

■ 지시문

☑ 구인 광고

A. **베이커리**: 미가스 베이커리에서 빵 굽는 분을 구합니다. 주말 오전에만 일하시면 됩니다.

B. **대학**: 대학 도서관에서 오후에 일하실 분을 구하고 있습니다. 책임감 있고 열심히 일하는 사람을 원합니다.

C. **호텔**: 루나 호텔의 레스토랑에서 일하실 경력 있는 요리사를 구합니다. 호텔은 시내 중심에 있습니다.

D. **개인 도우미**: 우리 아버지는 연세가 많으셔서 많은 돌봄과 도움이 필요한 분이십니다. 아버지를 위해 오후에 돌봐 주실 분을 찾고 있습니다.

E. **보모**: 저에게는 두 명의 어린 자녀가 있는데 그 아이들은 유치원에 다닙니다. 오후 4시에 데려가서 6시까지 돌봐 줄 사람이 필요합니다.

F. **병원**: 중앙병원에서 야간에 근무하실 의사를 구합니다. 병원에서는 쉬기 위한 숙소를 제공합니다.

G. **호텔**: 마르 호텔은 친절하고 경험이 풍부한 직원을 찾고 있습니다. 근무시간은 수요일부터 일요일까지 오후 3시부터 밤 10시까지입니다.

H. **은행**: 진지하고 성실하게 일하실 분을 찾고 있습니다. 경력이 필요하지 않습니다. 오전 8시부터 오후 12시까지 근무합니다.

I. **학교**: 초등학교에 영어 선생님이 필요합니다. 시간은 오후 1시부터 오후 5시까지입니다.

J. **체육관**: 저희 파워짐에서는 고객에게 서비스를 제공할 친절한 직원을 찾고 있습니다. 경력이 필요하지 않습니다.

0. 저는 제빵사고 빵 만드는 것을 좋아합니다. 토요일과 일요일에만 일 할 수 있습니다.

12. 저는 아이들에게 언어를 가르치는 것을 좋아해요. 교육기관에서 일하고 싶습니다.

체크 포인트 Me gusta enseñar idiomas a niños; 아이들에게 언어를 가르치는 것을 좋아한다.

정답 I) 〈profesor de inglés, escuela primaria; 영어 선생님, 초등학교〉 초등 학교에서 영어 선생님을 구하는 구인광고로 지문과 일치한다.

13. 저는 대학에서 회계학을 공부합니다. 그리고 저는 오전의 일자리를 찾고 있어요.

체크 포인트 Contabilidad, un trabajo por las mañanas; 회계학, 오전에 일

정답 H) 〈banco, trabajar de 8:00 a 12:00; 은행, 8시~12시에 일한다〉 은행과 회계학으로 분야가 일치하고 시간대도 일치하므로 정답이다.

14. 저는 3개월째 접수처 직원으로 일할 직장을 찾고 있습니다. 경력은 없지만 서비스 분야에서 일하는 것에 관심이 있어요.

체크 포인트 recepcionista, no tengo experiencia, en el sector de servicios; 접수처 직원, 경력 없음, 서비스 분야

정답 J) 〈atender a los clientes; 고객을 응대한다〉는 정보와 〈no se nesicita experiencia; 경력을 필요로 하지는 않는다〉는 내용으로 보아 정답임을 알 수 있다.

15. 나는 이탈리아 음식 요리사입니다. 저는 시내 중심가에 살고 있고 멀지 않은 곳에 있는 레스토랑을 찾고 있습니다.

체크 포인트 cocinera de comida italiana, el centro de la ciudad; 이탈리아 음식 요리사, 도심

정답 C) 〈trabajar en el restaurante. El hotel está en el centro de la ciudad; 호텔 레스토랑, 호텔은 도심에 있다〉 요리사와 호텔, 식당의 위치가 지문의 내용과 일치한다.

16. 저는 무언가를 읽으면서 여러가지 것들을 배우는 것을 좋아해요. 오후 내내 자유시간이 있어서 그 시간 동안 일할 수 있어요.

체크 포인트 me gusta aprender cosas leyendo algo, las tardes libres; 무언가를 읽으며 배우는 것을 좋아함, 자유로운 오후시간

정답 B) 〈la biblioteca... para trabajar por las tardes; 도서관, 오후에 일하기 위한〉 책에 관한 일자리이며 시간대가 일치하므로 정답이다.

17. 저에게는 남동생이 둘 있는데, 그들을 잘 돌보는 편이에요. 3시간 정도만 일할 수 있어요.

체크 포인트 bueno cuidando de ellos, tres horas; 아이들을 잘 돌봄, 3시간

정답 E) 〈recoger a ellos a las cuatro y cuidar de ellos hasta las seis; 그들(아이들)을 4시에 데려와서 6시까지 돌보다〉 아이들을 돌보는 일자리가 지문과 일치한다.

PRUEBA 1: COMPRENSIÓN DE LECTURA

<table>
<tr><th colspan="8">정답</th></tr>
<tr><td>18</td><td>19</td><td>20</td><td>21</td><td>22</td><td>23</td><td>24</td><td>25</td></tr>
<tr><td>C</td><td>A</td><td>C</td><td>B</td><td>B</td><td>A</td><td>C</td><td>A</td></tr>
</table>

▣ 지시문

☑ 바릴로체의 겨울 활동들

바릴로체의 겨울 / 바릴로체의 눈을 모두 즐기려면

노르딕 스키 / 스키를 타고 눈밭을 걸어 보는 것에 관심이 있나요? 가족과 함께 연습하고 즐겨보세요.

　장소: 센트로 데 에스키 노르디코 / 시간: 5시간
　/ 출발 일정: 월요일부터 일요일까지. 오전 10시 30분부터 오후 3시 30분까지.
　/ 포함: 스페인어/포르투갈어 가이드, 노르딕 스키 장비(스키, 부츠, 폴), 개인 수업

노르딕 밤 / 마법의 여행. 눈 덮인 숲을 산책하고 저녁 식사를 합니다.

　장소: 렝가스 숲 / 시간: 3시간 / 출발 일정: 금요일부터 일요일까지. 오후 6시와 오후 8시에.
　/ 포함: 스페인어/포르투갈어 가이드, 저녁 식사

세로 대성당과 치코 시르키토

　/ 바릴로체에서 가장 중요한 두 가지 활동을 하루에 해보세요. 상징적인 관광장소들을 방문해보세요.

　장소: 나우엘 우아피 호수 / 시간: 8시간 / 출발 일정: 매일 오전 10시 / 포함: 교통, 스페인어 가이드, 음식과 음료.

스노우보드 강좌 / 남미에서 가장 중요한 스키 센터에서 스노보드를 배울 수 있는 이 특별한 기회를 놓치지 마세요.

　장소: 스키 센터 / 시간: 8시간 / 출발 일정: 월요일부터 토요일까지. 오전 8시 30분부터 오후 4시 30분까지
　/ 포함: 스노보드 장비(보드+부츠), 스노우 그룹 수업, 겨울 옷.

빌라 라 앙고스투라와 세로 바요 / 전형적인 파타고니아 산과 온 가족을 위해 특별히 준비된 스키 센터에 대해 알아보세요.

　장소: 빌라 라 앙고스투라 / 시간: 8시간 / 출발 일정: 월요일 수요일과 금요일. 오전 9시에
　/ 포함: 교통, 스페인어/포르투갈어 가이드.

---

18. 노르딕 밤은 열린다...

　A) 수요일에

　B) 목요일에

　C) 금요일에

체크 포인트 La Noche Nórdica, 요일

정답 C) el viernes 금요일

19. 교실에 참석하기 위해서는 가야한다...

    A) 스키센터로

    B) 나우엘 우아삐 호수로

    C) 렝가스 숲으로

체크 포인트 snowbord, tiene que ir; **스노우보드, 장소로 가야한다**

정답 A) centro de esquí.

20. 빌라 라 앙고스투라와 세로 바요의 체험활동은 지속된다..

    A) 대략 6시간 정도

    B) 정확히 6시간

    C) 10시간 미만

체크 포인트 Villa la Angostura y Cerro Bayo dura; **지속 시간**

정답 C) menos de diez horas; 10시간 미만

21. 오후 여섯시에 시작한다

    A) 세로 대성당과 치코 시르키토

    B) 노르딕 밤

    C) 빌라 라 앙고스투라와 세로 바요

체크 포인트 A las seis de la tarde empieza; **여섯 시 시작**

정답 B) Noche Nórdica.

22. 노르딕 스키는 포함하지 않는다...

    A) 스페인 가이드

    B) 저녁식사

    C) 부츠

체크 포인트 Esquí Nórdica no incluye; **노르딕 스키가 포함하지 않는 것**

정답 B) cena. 저녁식사

23. 일요일에는 하지 않는다...

    A) 스노우보드 교실

    B) 세로 대성당과 치코 시르키토

    C) 노르딕 밤

체크 포인트   El domingo no se realiza, **일요일에 하지 않는 것**

정답 A) clase de snowboard. 스노우보드 수업

24. 두가지의 체험활동을 할 수 있다...

    A) 노르딕 스키에서

    B) 스노우보드 교실에서

    C) 세로 대성당과 치코 시르키토에서

체크 포인트   dos excursiones en, **두개의 활동**

정답 C) Cerro Catedral y Circuito Chico.

25. 교통이 포함 되어있지 않다...

    A) 노르딕 밤

    B) 세로 대성당과 치코 시르키토

    C) 빌라 라 앙고스투라와 세로 바요

체크 포인트   No está incluido el transporte, **교통이 포함되지 않는 것**

정답 A) Noche Nórdica

PRUEBA 2: COMPRENSIÓN AUDITIVA

정답				
1	2	3	4	5
A	A	B	B	C

[EJEMPLO]	[예시]
HOMBRE: ¡Hola!	남성: 안녕!
MUJER: Llegas tarde. Ya sabes que el concierto empieza a las dos.	여성: 늦었네. 콘서트 두 시에 시작하는거 알자나.
¿A qué hora empieza el concierto?	콘서트는 몇 시에 시작하는가?

1. H: ¿No quieres salir de fiesta esta noche?

M: No, estoy muy cansada. Prefiero estar en casa. Estos días estudio mucho y no tengo mucho tiempo para descansar.

H: Es verdad. Te veo un poco cansada. Pero mañana quedamos, ¿no?

M: Sí, mañana sí. Vamos al cine.

¿Dónde va a estar la chica hoy?

남: 오늘 저녁에 파티에 가지 않을래?

여: 아니, 나 매우 피곤해. 집에 있을래. 요즘 공부를 많이 해서 쉴 시간이 없어.

남: 맞아. 너 좀 피곤해 보인다. 그런데 내일은 만나는 거지? 그렇지?

여: 응, 내일은 만나지. 영화관 가자.

여자는 오늘 어디에 있을 것인가?

정답 A. 집

〈Prefiero estar en casa; 집에 있을래〉 오늘 있을 곳은 집이라는 것을 알 수 있다.

2. M: Tenemos que darnos prisa. Si no, perdemos el tren.

H: ¿A qué hora sale el tren?

M: A las seis en punto va a salir el tren.

H: Creo que podemos llegar a esa hora.

¿A qué hora sale el tren?

여: 우리 서둘러야해. 그렇지 않으면 기차를 놓칠거야.

남: 기차가 몇시에 떠나?

여: 여섯시 정각에 기차가 떠날거야.

남: 내 생각에는 그 시간에 도착할 수 있을 것 같은데.

몇시에 기차가 떠나는가?

정답 A. 여섯시 정각

〈A las seis en punto va a salir el tren; 여섯시 정각에 기차가 떠날거야〉 기차가 출발하는 시간은 여섯시 정각이다.

3. H: Perdón, ¿dónde está el servicio?

M: ¿Qué? ¿Cómo dices?

H: ¿Dónde está el lavabo?

M: Ah, el lavabo. Está al fondo a la derecha.

H: Muchas gracias.

¿Qué busca el hombre?

남: 실례합니다. 화장실이 어디에 있나요?

여: 네? 뭐라고 하셨나요?

남: 화장실이 어디에 있나요?

여: 아, 화장실이요. 끝에서 오른쪽에 있어요.

남: 감사합니다.

남자는 무엇을 찾고 있는가?

정답 B. 화장실

〈¿Dónde está el lavabo?; 화장실이 어디에 있나요?〉 el lavabo의 의미는 화장실이기 때문에 남자가 찾는 공간은 화장실이다. 화장실로 사용되는 다른 단어로는 el servicio, el baño가 있다.

4. M: ¿Por qué no vamos a comer algo? Tengo mucha hambre.

H: ¡Vale! ¿A dónde vamos, al restaurante de la universidad o a otro?

M: Al de la universidad. Es más barato, ¿no?

¿A dónde van ellos?

여: 우리 뭐 좀 먹으러 갈까? 나 배가 많이 고파.

남: 알겠어. 어디 갈까? 대학교 식당? 아니면 다른곳?

여: 학교 식당 가자. 더 저렴하잖아, 그렇지?

그들은 어디에 가는가?

정답 B. 학교 식당

〈 Al de la universidad, es más barato, ¿no?; 학교 식당 가자. 더 저렴하자나, 그렇지?〉 여기서 al은 a와 el이 만난 것이며, el은 el restaurante이므로 대학교 식당이 정답이다.

5. H: ¿Vienes al restaurante a cenar?

M: Es que tengo mucho trabajo. Voy a cenar una ensalada aquí, en la oficina.

H: ¡Qué pena! ¡Buen provecho!

¿A dónde va a cenar la mujer?

남: 저녁 먹으러 식당에 갈거야?

여: 나 일이 너무 많아. 여기, 사무실에서 샐러드 먹을게.

남: 안타깝네! 맛있게 먹어!

여자는 어디에서 저녁을 먹을 것인가?

정답 C. 사무실

〈Voy a cenar una ensalada aquí en la oficina; 여기 사무실에서 샐러드 먹을게〉 여자가 저녁을 먹을 장소는 사무실이다.

PRUEBA 2: COMPRENSIÓN AUDITIVA

정답				
6	7	8	9	10
C	G	A	D	I

[2 segundos] Ahora va a escuchar un ejemplo. Atención a las imágenes. [2 segundos] **[Mensaje 0]** Chicos, vamos a empezar la clase. ¡Sentaos! [5 segundos] La opción correcta es la letra G. [2 segundos] Empieza la Tarea 2. [5 segundos]	[2초] 이제 예시 문장을 듣게 된다. 이미지에 집중할 것. [2초] **[메시지 0]** 여러분, 수업 시작합시다. 모두 앉으세요! [5초] 정답은 G이다. [2초] Tarea 2를 시작하시오. [5초]

6. **[Mensaje 1]**

Esta es la nueva trabajadora de la oficina.

[메시지 1]

이분이 사무실의 새로운 직원입니다.

정답 C. 사무실에서의 직원 소개

7. **[Mensaje 2]**

Quiero ensalada de tomate de primer plato. Y de segundo, prefiero pollo.

[메시지 2]

첫 번째 음식으로는 샐러드와 두번째로는 닭요리를 원합니다.

정답 G. 식당에서의 주문

8. **[Mensaje 3]**

Bienvenidos a nuestro hotel. Les deseo una estancia excelente.

[메시지 3]

우리 호텔에 오신것을 환영합니다. 멋진 체류 되시길 바랍니다.

정답 A. 호텔 리셉션의 안내

9. **[Mensaje 4]**

En poco tiempo va a empezar el concierto.
Apaguen el móvil, por favor.

`정답` D. 공연장의 안내방송

[메시지 4]

곧 공연이 시작하겠습니다. 핸드폰 전원을 꺼주시길 바랍니다.

10. **[Mensaje 5]**

Hoy nuestro supermercado cierra un poco más
temprano, a las siete de la tarde.

`정답` I. 마트의 안내방송

[메시지 5]

오늘 저희 마트는 조금 일찍, 오후 7시에 닫습니다.

Tarea 3

PRUEBA 2: COMPRENSIÓN AUDITIVA

정답							
11	12	13	14	15	16	17	18
A	C	L	K	E	J	B	I

0.	파블로	F
11.	노아	
12.	마테오	
13.	아멜리아	
14.	라파엘	
15.	필라르	
16.	브루노	
17.	레히나	
18.	알렉사	

A	친구들을 많이 돕는다.
B	아침 먹으러 카페에 간다.
C	운동을 많이 한다.
D	아침 먹기 위해 요리한다.
E	일이 많다.
F	대학생이다.
G	학교에서 일한다.
H	많이 잔다.
I	파티를 많이 간다.
J	영화를 많이 본다.
K	일찍 잠자리에 든다.
L	새로운 언어를 배운다.

[EJEMPLO]	**[예시]**
Hola, yo soy Carolina y tengo muchos amigos. Voy a hablar de la rutina diaria de unos amigos míos. Primero Pablo, todos los días se levanta a las ocho de la mañana para ir a la universidad a estudiar.	안녕. 나는 카롤리나야. 나는 많은 친구를 가지고 있어. 내가 내 친구들의 일과에 대해 이야기 해 볼게. 첫번째로 파블로는 공부하러 대학교에 가기 위해 매일 오전 8시에 일어나.

11. Tengo una amiga muy simpática, Noa. Cuando sus amigos tienen problemas, siempre intenta ayudarlos.

매우 착한 노아라는 친구가 있어. 친구들이 문제가 있을 때 그녀는 항상 그들을 도우려 해.

정답 A. ayuda mucho a sus amigos; 친구들을 많이 도와준다.
노아 – 〈siempre intenta ayudarlos; 항상 그들을 도우려 해〉 * los = sus amigos

12. Mateo es adicto a hacer ejercicio. Cuando le pregunto dónde está, siempre me responde que está en el gimnasio.

마테오는 운동 중독자야. 그에게 어디있냐고 물어보면, 항상 체육관에 있다고 해.

정답 C. hace mucho ejercicio; 운동을 많이한다.
마테오 – 〈Mateo es adicto a hacer ejercicio; 마테오는 운동 중독자야〉

13. Amelia dice que le gusta mucho aprender nuevas cosas. Estos días estudia inglés.

아멜리아는 새로운 것을 배우는 것을 좋아한다고 말해. 요즘은 영어를 배워.

정답 L. aprende un nuevo idioma; 새로운 언어를 배운다.
아멜리아 – 〈le gusta mucho aprender nuevas cosas; 새로운 것을 배우는 것을 좋아해〉

14. Rafael es como un abuelo. No sale nunca de fiesta porque prefiere ir a la cama temprano.

라파엘은 할아버지 같아. 일찍 자러 가야해서 파티에 절대 가지 않아.

정답 K. se acuesta temprano; 일찍 잠자리에 든다.
라파엘 – 〈prefiere ir a la cama temprano; 일찍 자러 가는 것을 선호해〉

15. Pilar es la única amiga que trabaja. Lleva seis meses trabajando en una empresa de comercio. Estos días no puedo verla mucho porque está muy ocupada.

필라르는 유일하게 일을 하는 친구야. 무역 회사에서 일한지 6개월 되었어. 요즘 그녀가 매우 바빠서 그녀를 잘 볼 수가 없어.

정답 E. tiene mucho trabajo; 일이 많다.
필라르 – 〈está muy ocupada; 매우 바쁘다〉

16. A Bruno le encanta ver películas en el cine. Normalmente va con amigos, pero a veces va solo.

브루노는 영화관에서 영화보는 것을 매우 좋아해. 보통 친구들과 가는데 가끔씩은 혼자서도 가.

정답 J. ve muchas películas; 영화를 많이 본다.
브루노 – 〈A Bruno le encanta ver películas en el cine; 브루노는 영화관에서 영화보는 것을 매우 좋아해〉

17. Regina dice que le gusta desayunar. Yo la veo muchas veces en la cafetería de nuestro barrio tomando un café por las mañanas.

레히나는 아침 먹는 것을 좋아한대. 아침에 그녀가 우리 동네 카페에서 커피 마시고 있는 것을 자주 봐.

정답 B. va a la cafetería a desayunar; 아침 먹으로 카페에 간다.
레히나 – 〈la veo muchas veces en la cafetería de nuestro barrio tomando café; 아침에 그녀가 우리 동네 카페에서 커피 마시고 있는 것을 자주 봐〉 * la = a Regina

18. Alexa es fiestera. A veces, salgo de fiesta con ella. Tiene muchos amigos, siempre está invitada a una fiesta.

알렉사는 파티광이야. 가끔 그녀와 함께 놀러 나가. 그녀는 친구가 많고 항상 파티에 초대 돼.

정답 I. va mucho de fiesta; 파티를 많이 간다.
알렉사 – 〈Alexa es fiestera; 알렉사는 완전 파티광이야〉

PRUEBA 2: COMPRENSIÓN AUDITIVA

정답						
19	20	21	22	23	24	25
B	F	D	I	C	E	G

[AUDIO]

MUJER: ¡Hola, Alejandro! ¿Cómo te va todo?

HOMBRE: ¡Hola, Lea! Aquí todo muy bien. Por fin _tengo vacaciones_ (0) y puedo pasar tiempo con mi familia.

M: ¡Qué bien! ¿Qué tal tus hijos? ¿Cuántos años tienen ahora?

H: _Mi primer hijo Thiago ya tiene 15 años_ (20) y va a la escuela. Y _mi segunda, Alma,_ (21) tiene 12 años. (19) Se parece mucho a su madre.

M: ¿Cómo son ellos? A esa edad les gusta salir con amigos, ¿no?

H: A mi hijo, sí. Él tiene muchos amigos y siempre salen a jugar al fútbol y al cine. Pero, mi hija es un poco introvertida. _Prefiere quedarse en casa leyendo libros_... (22)

M: ¡Qué diferentes son! ¿Se llevan bien ellos?

H: Sí, ellos se llevan muy bien. A veces, preparan la cena juntos y los fines de semana _van a la piscina juntos._ (23) A los dos les gusta mucho nadar.

M: Y tu mujer, ¿qué tal?

H: Está muy bien. Estos días trabaja menos que antes, así que tiene más tiempo libre.

M: ¿Qué hace?

H: Está aprendiendo japonés porque _quiere viajar por Japón._ (24) Le interesa mucho la cultura japonesa.

M: ¿Va a clases de japonés?

H: Sí. _Va tres veces por semana._ (25) Estudia mucho.

M: ¡Ella nunca descansa!

[녹음 음성]

여성: 안녕, 알레한드로! 어떻게 지내니?

남성: 안녕, 레아! 여기서 잘 지내고 있어. 드디어 _휴가를 갖게 되어서 (H) vacaciones 휴가_ 가족과 함께 시간을 보낼 수 있어.

여: 너무 잘됐다. 아이들은 어떻게 지내? 그들이 지금 몇 살이지?

남: 내 _첫째 아이 티아고는 이제 15살이고 (F) quince 15살_ 학교를 다녀. 그리고 둘째, _알마는 (D) Alma 알마_ 12살이야. _(B) dos 두 명_ 엄마를 무척 닮았어.

여: 그들은 어때? 왜냐하면 그 나이때는 친구들이랑 놀러 나가는것을 좋아하곤 하잖아. 그렇지 않아?

남: 우리 아들은 그래. 그는 친구가 많고 항상 축구하러 나가거나 영화관에 간다고 나가곤 해. 그런데 우리 딸은 조금 내성적이야. _집에서 책 읽으면서 있는 것을 선호해. (I) leer libros 책을 읽는 것_

여: 둘이 매우 다르다! 그들은 서로 잘 지내?

남: 응. 그들은 매우 잘 지내. 가끔 함께 저녁을 준비하기도 하고 주말에는 _수영장도 함께 다녀. (C) la piscina 수영장_ 둘 다 수영하는 것을 좋아하거든.

여: 너의 와이프는 어떻게 지내?

남: 매우 잘 지내. 요즘 이전보다 일을 덜 하고 있어서 여가 시간이 더 많아졌어.

여: 무엇을 해?

남: _일본 여행을 가고 싶어 해서 (E) viajar 여행하다_ 일본어를 배우고 있어. 일본 문화에 관심이 많아.

여: 일본어 수업에 가니?

남: 응. _일주일에 세 번 가. (G) tres 세 번_ 공부를 많이 해.

여: 그녀는 절대 쉬는 법이 없구나!

0.	알레한드로는 __H__ 중이다.	**A**	축구를 하다
19.	알레한드로는 __B__ 명의 자녀를 가지고 있다.	**B**	두 명
20.	그의 첫째 아이는 __F__ 살이다.	**C**	수영장
21.	그의 딸의 이름은 __D__ 이다.	**D**	알마
22.	그의 딸은 __I__ 선호한다.	**E**	여행
23.	그의 아이들은 함께 __C__ 을 간다.	**F**	열 다섯
24.	그의 아내는 일본을 __E__ 하고 싶어한다.	**G**	세 번
25.	그의 아내는 수업에 일주일에 __G__ 번 간다.	**H**	휴가
		I	책 읽는 것

PRUEBA 3: EXPRESIÓN E INTERACCIÓN ESCRITAS

☑ **지시문**

☑ 집에서 쇼핑센터로부터 정보를 받고 싶습니다. 신청서를 완성하세요.

Top Mall
Tarjeta de cliente
Por favor, complete este formulario.

NOMBRE: *Mido*	APELLIDO(S): *Jeon*
NACIONALIDAD: *coreana*	
LUGAR DE NACIMIENTO: *Seúl, Corea*	
FECHA DE NACIMIENTO: DÍA *20* MES *mayo* AÑO *1990*	
TELÉFONO: *0109999999*	
CORREO ELECTRÓNICO: *midolove123@hlm.com*	
DIRECCIÓN	
CALLE: *Musin-ro*	NÚMERO ___*22-1*___ PISO ___*5º*___
CUIDAD: *Incheon*	PAÍS: *Corea*

Por favor, responda a siguientes preguntas. 다음의 질문들에 대답해주세요.

¿Cuál es la tienda en la que suele comprar? 주로 쇼핑하는 매장은 무엇입니까?

Suelo comprar en tiendas de ropa. Compro camisetas y pantalones.
저는 주로 옷가게에서 구입해요. 티셔츠와 바지를 삽니다.

¿Cuántas veces va al centro comercial Top Mall? 탑몰에 몇 번 가시나요?

Voy dos veces al mes. 한달에 두번 갑니다.

Estoy interesado en recibir información sobre: 나는 다음에 관한 정보를 받는 데 관심이 있습니다.

Quiero recibir información de ofertas y rebajas. 특가 및 할인에 대한 정보를 받고 싶습니다.

Tarea 2

PRUEBA 3: EXPRESIÓN E INTERACCIÓN ESCRITAS

지문과 요구사항 체크

미국 뉴욕으로 여행을 가고 싶습니다. 그곳에 사는 친구에게 이메일을 써서 정보를 요청하세요. 여기에서는 다음을 수행해야 합니다.

 – 인사;
 – 왜 뉴욕으로 여행을 가고 싶은지;
 – 무엇을 하고 싶은지, 어떤 장소를 방문하고 싶은지;
 – 작별인사

Querido Raúl:

Hola, ¿qué tal?

Voy a tener vacaciones el próximo mes. Así que quiero viajar a Nueva York a verte y a divertirme. Quiero pasear por la ciudad contigo y también quiero visitar el Puente de Brooklyn y cruzarlo andando.

Espero verte pronto.

Anita

(44 palabras)

애정하는 라울에게:

안녕, 잘 지내지?

내가 다음달에 휴가를 가질 거야. 그래서 나는 너를 보러 그리고 놀러 뉴욕으로 여행가고 싶어. 너와 도시를 돌아다니고 또 브루클린 다리도 방문해서 그것을 걸어서 건너보고 싶어.

빨리 보고싶다.

아니타

PRUEBA 4: PRUEBA DE EXPRESIÓN E INTERACCIÓN ORALES

■ 모범 답변

> ¡Hola! Mi nombre es Jihoon y mi apellido es Kim. Yo soy coreano y vivo en Seúl con mi familia. Tengo 17 años y soy estudiante. Yo soy moreno y alto. Tengo el pelo corto y siempre llevo gafas. Mis amigos dicen que soy simpático, pero a veces travieso. Tengo muchos amigos y me gusta salir con mis amigos.
> Yo aprendo Matemáticas, Inglés, Ciencias y Educación física en la escuela. Hablo coreano, chino, inglés y un poco de español.

안녕하세요! 제 이름은 지훈이고 제 성은 김입니다. 저는 한국사람이고 서울에서 가족과 함께 살고 있습니다. 17살이고 학생입니다. 저는 검은 머리에 키가 큽니다. 짧은 머리를 하고 있고 항상 안경을 쓰고 있습니다. 제 친구들이 말하기를 저는 착하지만 가끔씩 장난기가 많다고 합니다. 저는 친구가 많고, 그들과 함께 놀러 나가는 것을 좋아합니다. 저는 학교에서 수학, 영어, 과학, 체육을 공부합니다. 저는 한국어 중국어 영어 그리고 약간의 스페인어를 합니다.

PRUEBA 4: PRUEBA DE EXPRESIÓN E INTERACCIÓN ORALES

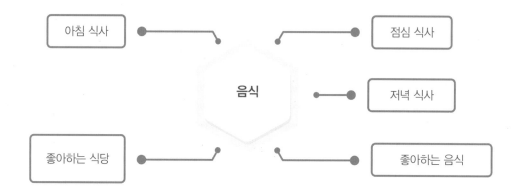

■ **모범 답변**

¡Hola! Me llamo Yena y voy a hablar de comida.

Normalmente, como tres veces al día. Me levanto y voy a la cocina primero para desayunar. No sé por qué, pero siempre tengo mucha hambre por la mañana. Desayuno más o menos a las ocho de la mañana. Me gusta desayunar algo ligero como yogur y fruta.

Normalmente, salgo a comer con mis compañeros de trabajo, pero algunas veces me quedo en la oficina comiendo un sándwich o kimbab a la una de la tarde. Cuando como fuera, voy mucho a un restaurante coreano porque mi comida favorita es la comida coreana, especialmente las sopas. Después de comer, siempre mis compañeros y yo tomamos un café en una cafetería.

Para la cena, prefiero cenar en casa. Me gusta cocinar, por eso suelo preparar la cena en casa para mi familia. Habitualmente, ceno carne o pescado con arroz. Y cuando quedo con mis amigos, después de terminar el trabajo, vamos a un restaurante de pollo frito. Nos gusta tomar pollo frito con cerveza.

안녕하세요! 제 이름은 예나이고, 음식에 관해 이야기 할게요.

저는 보통 하루에 세 끼를 먹습니다. 일어난 후, 먼저 아침식사를 하러 주방에 갑니다. 왜인지는 모르겠지만 아침에는 항상 배가 많이 고파요. 아침 8시쯤에 아침 식사를 합니다. 요거트와 과일 등 가벼운 아침 식사를 좋아해요.

보통은 동료들과 외식을 하기도 하지만 가끔 사무실에 남아 오후 1시에 샌드위치나 김밥을 먹기도 합니다. 외식할 때 가장 좋아하는 음식은 한식, 특히 국물 종류이기 때문에 한식당에 자주 갑니다. 식사 후에는 저와 동료들은 항상 카페에서 커피를 마십니다.

저녁 식사는 집에서 먹는 것을 선호합니다. 저는 요리하는 것을 좋아해서 주로 가족들을 위해 집에서 저녁을 준비합니다. 보통 저녁 식사로 밥과 함께 고기나 생선을 먹습니다. 그리고 퇴근 후 친구들을 만나면 치킨집에 갑니다. 우리는 맥주와 함께 치킨을 먹는 것을 좋아합니다.

PRUEBA 4: PRUEBA DE EXPRESIÓN E INTERACCIÓN ORALES

Examinador/a 시험관	¿Prefiere desayunar o dormir más?
	아침을 먹기를 원하나요? 잠을 더 자고 싶나요?
Candidato/a 응시자	En mi caso, prefiero desayunar. Tengo que desayunar porque siempre tengo hambre.
	저 같은 경우에는 아침 먹는 것을 선호해요. 항상 배가 고프기 때문에 아침을 먹어야 해요.
Examinador/a	Ah, vale. ¿Desayuna solo/a o con su familia?
	아 그렇군요. 혼자 먹나요? 가족과 먹나요?
Candidato/a	A veces desayuno solo y a veces con mi familia.
	가끔은 혼자 먹고 가끔은 가족과 먹어요.
Examinador/a	En su país, ¿normalmente qué desayunan?
	당신의 나라에서는 보통 어떤 아침을 먹나요?
Candidato/a	Mucha gente come arroz y sopa. Típica comida coreana.
	많은 사람들이 밥과 국을 먹어요. 전형적인 한국음식이요.
Examinador/a	¿No come nada antes de almorzar?
	점심 먹기 전까지 아무것도 먹지 않나요?
Candidato/a	Sí, como chocolate y galletas mientras trabajo.
	먹어요. 일하면서 초코렛이나 과자를 먹어요.
Examinador/a	Dice que sale a comer fuera, ¿es caro comer fuera?
	점심은 외식을 한다고 했는데, 밖에서 먹는 것은 비싼가요?
Candidato/a	Depende del sitio. Pero no es muy barato. Normalmente gasto diez mil wones en la comida.
	장소에 따라 달라요. 그러나 매우 싸지는 않아요. 보통 점심에 만원 정도 써요.
Examinador/a	Cuando queda con sus amigos, ¿a dónde quedan?
	친구들과 만날 때는 어디서 만나나요?
Candidato/a	Vamos mucho al barrio Seongsu. Hay muchos restaurantes y bares allí.
	성수동에 자주 가요. 식당들과 바들이 거기 많거든요.
Examinador/a	¿Qué hace en el centro comercial?
	쇼핑센터에서 뭐 하세요?
Candidato/a	De todo. Compro ropa, como en restaurantes y a veces veo películas en el cine del centro comercial.
	모든 것을 해요. 옷도 사고, 식당에서 밥도 먹고, 때로는 쇼핑센터 영화관에서 영화도 봐요.

Examinador/a	¿Qué suele cenar por allí?
	거기에서 무엇을 주로 먹곤 하나요?
Candidato/a	Suelo ir al restaurante de pollo frito. A mis amigos y a mí nos gusta comer pollo frito con cerveza.
	치킨을 자주 먹으러 가요. 제 친구들과 저는 맥주와 치킨 먹는 것을 좋아해요.
Examinador/a	¿Cuántas veces queda con sus amigos?
	당신의 친구들과 얼마나 자주 만나나요?
Candidato/a	Quedamos una vez a la semana.
	일주일에 한번 만납니다.
Examinador/a	¿Prefiere salir a almorzar o cenar los fines de semana?
	주말에는 점심이나 저녁을 먹으러 나가길 원하나요?
Candidato/a	Sí, salgo a almorzar con mi familia los domingos. Nos gusta ir a nuevos restaurantes.
	네, 일요일마다 가족과 점심 먹으러 나갑니다. 저희는 새로운 식당에 가는 것을 좋아합니다.
Examinador/a	¡Qué bien! Si comen en su casa, ¿quién prepara más la comida en su familia?
	너무 좋네요. 집에서 먹으면, 가족 중에 누가 가장 요리를 많이 하나요?
Candidato/a	Mi madre prepara más la comida. Le gusta cocinar y nos gustan sus platos.
	저희 어머니가 요리를 더 많이 준비하세요. 그녀는 요리하는 것을 좋아하고 저희는 그녀의 음식을 좋아합니다.

◾ **시험 응시자가 시험관에게**

1. ¿Prefiere desayunar? ¿si desayuna, qué come usted?
   아침 드시는 것을 선호하시나요? 아침을 드신다면 무엇을 드시나요?

2. ¿Suele cenar con su familia? Normalmente, ¿cuándo cena con ellos?
   당신은 가족과 종종 저녁을 드시나요? 보통 언제 그들과 저녁을 드시나요?

Prueba simulada

DELE
A1
Set 2
해설

PRUEBA 1: COMPRENSIÓN DE LECTURA

▣ 지시문

☑ 다니엘이 친구들에게 쓴 이메일

> 안녕 친구들:
>
> 이번 토요일에 도착할 예정이네, 그렇지? 나는 이미 그라나다를 여행할 전체 계획을 세웠어. 나는 너희들이 그것을 좋아할 것이라고 확신하고, 우리는 즐거운 시간을 보낼 거야.
>
> 토요일 밤에는 쉬어야 할 것 같아. 호텔 근처 레스토랑에서 저녁만 먹고 일찍 잠자리에 들자. 그리고 일요일에 우리는 그라나다에서 가장 유명한 곳인 알람브라에 갈 예정이야. 워낙 규모가 큰 곳이라 다 보려면 5시간 이상은 걸릴 것 같아. 방문 후 바에서 플라멩코를 보러 갈 거야. 그곳에서 우리는 저녁을 먹고 술을 마시자.
>
> 월요일에는 알바이신 지역을 산책할거야. 그라나다에서 가장 전형적인 동네 중 하나야. 그곳에서 역사적인 건축물을 구경하고 사진도 찍을 수 있어. 저녁에는 삼촌 댁에서 저녁을 먹기로 했어. 그의 집은 그라나다 대성당 근처에 있어. 그는 우리를 위해 저녁 식사를 준비하고 우리에게 대성당을 보여주고 싶어해. 저녁을 먹고 성당을 보러 가자.
>
> 나는 너희를 빨리 보고싶어. 곧 만나자!

1. 이 편지에서 다니엘라의 친구들은 그라나다에 도착한다..

   A) 금요일에

   B) 토요일에

   C) 일요일에

체크 포인트 los amigos llegan a Granada; 친구들이 그라나다에 도착한다

정답 B) 본문 〈Vais a llegar este sábado, ¿no?; 너희들 토요일에 도착하지, 맞지?〉에서 너희들은 친구들을 지칭하므로 그들이 도착하는 요일을 확인할 수 있다.

2. 토요일 저녁에 다니엘라가 더 좋을것이라 생각하는 것은...

   A) 무언가를 마시러 나가는 것

   B) 알함브라를 방문하는 것

   C) 쉬는 것

체크 포인트 el sábado por la noche; 토요일 밤

정답 C) 본문의 〈El primer día por la noche creo que tenéis que descansar; 내 생각에 첫 날 저녁에는 너희들이 쉬어야 할 것 같아〉에서 정답을 찾을 수 있다.

3. 다니엘라에 따르면 알함브라를 방문하는 것은 ... 보낼 것이다.

    A) 하루 종일

    B) 몇 시간

    C) 몇 분

체크 포인트   van a pasar; (시간을) 보낼 것이다

정답 C) 〈Es un lugar muy grande y creo que necesitamos más de cinco horas para verlo; 매우 큰 장소이므로 내 생각에는 우리가 그것을 보기 위해 5시간 이상이 필요할 것 같아〉에서 장소를 보는데 걸리는 시간을 확인할 수 있다.

4. 텍스트에 따르면...

    A) 알바이신에서는 역사적 건축물을 볼 수 있다.

    B) 알바이신은 유명한 성당이다.

    C) 월요일 저녁에 그들을 플라멩코를 볼 것이다.

체크 포인트   **텍스트에서 말하길...**

정답 A) 본문의 〈Podemos ver arquitectura histórica y sacar fotos allí; 역사적인 건축물들을 볼 수 있고 그곳에서 사진도 찍을 수 있어〉에서 확인할 수 있다.

5. 삼촌은 그의 친구들에게 알려주고 싶어한다...

    A) 광장

    B) 성당

    C) 집

체크 포인트   El tío quiere enseñar; 삼촌이 알려주고 싶어한다

정답 B) Él quiere prepararnos la cena y enseñarnos la catedral; 그는 우리에게 저녁을 준비해주고 성당을 알려주고 싶어한다〉에서 〈그〉는 삼촌을 의미하므로 그가 알려주고 싶은 장소인 성당을 찾을 수 있다.

PRUEBA 1: COMPRENSIÓN DE LECTURA

정답					
6	7	8	9	10	11
C	D	F	I	A	E

A: 알림! 내일(5월 15일) 수업이 없습니다

B: 오후 7시 30 분, 후아나와 라울 저녁 식사에 초대

C: 알림, 사무실 응대 시간은 오전 10시 30분부터 오후 3시까지입니다. 토요일과 일요일은 휴무입니다.
양해해 주셔서 감사합니다.

D: 룸메이트를 구함. 전용 욕실이 딸린 넓은 방, 지하철역과 매우 가까움

E: 대형 슈퍼마켓. 이번 주 할인: 다도 요구르트: 5% 할인, 헤르테 체리: 킬로당 2.50유로

F: 가족을 위한 아파트 판매. 엔젤 스트리트에서, 부동산 2000.

G: 8시 할머니 집에서 저녁 식사.

H: 바닥에 쓰레기를 버리는 것이 금지되어 있습니다

I: 문화정보, 아르헨티나 가수 그룹의 콘서트, 금요일과 토요일 오후 9시. 중앙 공원, 무료 입장.

J: 본 열람실은 사전 공지가 있을 때까지 이용이 불가능합니다. 불편을 드려 죄송합니다.

0. 가족 저녁식사.

정답 G 〈cenar en la casa de la abuela; 할머니 댁에서 저녁식사〉에서 확인할 수 있다.

6. 주말에는 열지 않는다.

체크 포인트 No se abre los fines de semana; 주말에 열지 않는다

정답 C) 〈Sábados y domingos cerrados; 토요일 일요일 닫음〉에서 닫는 요일을 확인 할 수 있다.

7. 방을 임대하고 싶어한다.

체크 포인트 alquilar una habitación; 방을 임대함

정답 D) 〈Busco a compañero de piso; 룸메이트 찾음〉 방 임대를 위한 룸메이트를 찾는 공고이므로 정답이다.

8. 아파트를 판매하고 싶어한다.

체크 포인트 vender un piso; 아파트 판매

정답 F) 〈Venta de piso; 아파트 판매〉 Vender의 명사형 venta 를 보고 답을 연결 할 수 있다.

9. 돈을 내지 않아도 된다.

체크 포인트 No, pagar; 지불하지 않음

정답 I) 〈Entrada gratis; 무료 입장〉 gratis는 '무료의' 라는 의미로 답과 연결되는 핵심 어휘이다.

10. 5월의 한 날에 수업이 없다.

체크 포인트 un día del mes, no clases; 그 달의 하루, 수업 없음

정답 A) 〈15 de mayo NO HAY CLASES; 5월 15일 수업이 없음〉 해당월 중 하루는 5월 15일로 동일한 내용을 확인할 수 있다.

11. 더 저렴한 가격으로 어떤 상품을 구매할 수 있다.

체크 포인트 comprar producto, barato; 상품을 구매, 저렴한

정답 E) 〈5% menos; 5% 더 적은〉 더 적은 가격은 더 저렴한 가격을 의미한다.

PRUEBA 1: COMPRENSIÓN DE LECTURA

정답					
12	13	14	15	16	17
H	E	J	C	D	B

▣ 지시문

☑ 집에 관련한 정보성 광고들

A. **큰 집 판매**: 엘리베이터, 침실 5개, 욕실 2개, 거실, 최근 개조된 주방을 갖추고 있습니다. 87,000유로로 매우 밝은 집.

B. **별장을 임대한다**: 겨울기간 임대 (10월~2월). 바다의 전망을 감상할 수 있는 산타 에우랄리아 산에 위치. 침실 4개. 욕실 2개, 주방 그리고 거실.

C. **수영장이 있는 별장 판매**: 나무와 야외 수영장이 있는 넓은 정원. 자동차 2대를 주차할 수 있는 차고. 퇴직자에게 이상적.

D. **가게 판매**: 사르데냐 10번 길. 38m². 전기, 수도, 주차 가능. 레스토랑에 적합. 가격 45,000.

E. **크라이 부동산**: 세비야 아파트 임대. 중심부에 위치해 있으며 침실 1개, 욕실 1개, 거실 1개. 외향이며 가구가 비치되어 있음. 월 600유로.

F. **팔로모에 있는 주택 임대**: 가구가 구비된 주택, 침실 4개, 욕실 2개, 완비된 주방. 모든 객실은 정원으로 연결. 임대료 월 850유로

G. **80M² 원목집 판매**: 시골집에 이상적. 침실 4개, 넓은 거실, 주방, 욕실, 테라스. 가격: 12,000유로.

H. **산속의 주택 임대**: 산에 살면서 신선한 공기를 마셔보라. 자연공원 근처 주택. 침실 2개, 욕실 1개, 주방 및 거실. 월 1,200유로

I. **임대**: 가구 완비. 침실 3개, 욕실 3개, 빌트인 주방, 메인 룸 및 거실, 주차 공간 2개

J. **집 임대**: 바다 근처, 해변에서 5분 거리. 별장으로 완벽. 거실, 식당, 주방, 욕실, 침실 3개.

0. 우리는 아버지, 어머니, 세 자녀로 구성된 대가족이다. 최소한 5개의 침실과 2개의 욕실이 필요하다.

12. 아내와 나는 이제는 도심 생활이 지겨워서 산속의 집에 가서 살고 싶다. 우리는 공원에서 산책하는 것을 좋아한다.

> 체크 포인트 una casa en la montaña, pasear por el parque; 산에 있는 집, 공원 산책

> 정답 H) 〈Vive en la montaña, ... vivienda cerca del parque natural; 산에 사세요, ... 자연 공원 근처의 집〉 일치하는 조건을 찾을 수 있다.

13. 나는 대학에서 회계를 공부한다. 그리고 나는 오전의 일자리를 찾고 있다.

> 체크 포인트 trabajo en el centro de la ciudad; cerca del trabajo, exterior; 도심의 직장, 직장 인근, 외향

> 정답 E) 〈céntricos, ... exterior; 중심가에 있는, 외향의〉 위치와 원하는 집의 특징이 일치한다.

14. 나는 친구들과 함께 한 달 간의 여름 휴가를 해변으로 떠나고 싶다.

체크 포인트 a la playa, todos mis amigos; **해변으로, 모든 친구들과 함께**

정답 J) 〈cerca del mar, a 5 minutos de la playa; 바다 가까이, 해변에서 5분 거리〉 해변으로 휴가를 가고 싶은 14번의
친구 그룹에게 알맞은 광고이다.

15. 남편과 나는 은퇴했다. 수영장이 있는 집을 사고 싶다. 우리는 야외에서 수영하는 것을 좋아한다.

체크 포인트 jubilados, piscina, nadar al aire libre; **은퇴한, 수영장, 야외에서 수영하기**

정답 C) 〈piscina al aire libre, ... ideal para los jubilados; 야외 수영장, 퇴직자들에게 이상적인〉 조건이 일치하므로
적합한 광고이다.

16. 나는 요리사이고 레스토랑을 열 곳을 찾고 있다. 차를 주차할 수 있는 공간이 있으면 더 좋다.

체크 포인트 local para un restaurante, sitio para coches; **식당을 위한 가게, 차를 위한 자리**

정답 D) 〈posibilidad de aparcamiento, ... perfecto para restaurante; 주차 가능, 식당에 완벽〉 식당 운영을 위해
장소를 구하는 16번의 인물에 적합하다.

17. 우리는 친구 그룹이다. 친구들과 함께 겨울을 보낼 큰 집을 찾고 있다. 우리는 산과 바다를 좋아한다.

체크 포인트 un grupo de amigos, pasar invierno, las montañas y el mar; **친구 그룹, 겨울 보내기, 산과 바다**

정답 B) 〈alquiler de invierno, ... ubicada en la montaña ... con la vista al mar; 겨울기간 임대, 산에 위치, 바다
전망〉 기간과 위치, 조건이 일치하므로 정답이다.

PRUEBA 1: COMPRENSIÓN DE LECTURA

정답							
18	19	20	21	22	23	24	25
C	A	C	B	C	B	C	B

▣ **지시문**

☑ 마드리드 시청 홈페이지의 강좌와 수업 정보

> **문화 센터의 강좌 및 수업** / 9월 – 11월
>
> **프로그래밍과 로봇공학** / 자신만의 로봇을 만들어내며 젊은이들에게 로봇 공학과 프로그래밍의 원리를 재미있는 방식으로 가르칩니다.
>
>   나이: 7세부터 16세까지 / 장소: "니콜라스 살메론" 센터 / 일정: 목요일 오후 5시부터 오후 7시까지 / 가격: 30유로
>
> **드로잉과 페인팅** / 그림 그리는 법을 배우고 각 학생 자신이 제일 좋아하는 기술을 완성합니다. 그림에 대한 학생의 개인적인 창작과 열정을 격려하십시오.
>
>   나이: 12세 이하 / 장소: "루이스 곤자가" 청소년 센터 / 일정: 화요일과 목요일 오후 5시 30분 ~ 오후 6시 30분
>   / 가격: 27유로
>
> **에어로댄스** / 다양한 스타일의 볼룸과 라틴 댄스를 선보이는 에어로빅 활동입니다.
>
>   나이: 16세 이상 / 장소: 산 후안 센터 / 일정: 월요일 오후 7시 ~ 오후 9시 / 가격: 22유로
>
> **극장** / 재미있고 흥미로운 방식으로 감정을 표현하고 기술을 개발하는 방법을 알아보세요.
>
>   나이: 8세부터 13세까지 / 장소: "루이스 곤자가" 청소년 센터 / 일정: 금요일 17:30 ~ 19:00 / 가격: 19유로
>
> **예술의 역사** / 반 고흐, 피카소, 워홀, 클리 등 위대한 예술가들의 작품으로 창의력과 호기심을 일깨워보세요.
>
>   나이: 16세 이상 / 장소: 샌프란시스코 사회문화센터–라프렌사 / 일정: 토요일 오전 10시 ~ 오후 12시 / 가격: 30유로

18. 토요일에는 갈수 있는 강좌는...

    A) 드로잉과 페인팅

    B) 연극

    C) 예술의 역사

체크 포인트 los fines de semana; 주말

정답 C) historia del arte

19. 6세의 아이들이 갈 수 있는 강좌는...

   A) 드로잉과 페인팅

   B) 프로그래밍과 로봇공학

   C) 연극

체크 포인트 Menos de 12 años; 12세 이하

정답 A) dibujo y pintura

20. 연극 강좌는 끝난다...

   A) 오후 다섯 시

   B) 오후 여섯 시

   C) 오후 일곱 시

체크 포인트 el curso de teatro termina; 연극 수업 끝나는 시간

정답 C) a las siete de la tarde

21. 프로그래밍과 로봇공학 강좌에서 할 수 있는 것은...

   A) 연극을 배우기

   B) 과학적인 기계를 만들기

   C) 춤 추기

체크 포인트 el taller de programación y robótica; 프로그래밍과 로봇강좌에서 하는 것

정답 B) crear máquinas científicas, 과학 기계 만들기 〈creando sus propios robots; 자신만의 로봇을 만들면서〉

22. 오후 일곱 시에 시작하는 강좌는...

   A) 드로잉과 페인팅

   B) 연극

   C) 에어로댄스

체크 포인트 a las siete de la tarde empieza; 오후 7시에 시작하는 강좌

정답 C) aerobaile

23. 스케치와 색칠 강좌는 열린다...

    A) 일주일에 하루

    B) 일주일에 이틀

    C) 일주일에 삼일

체크 포인트 el curso de dibujo y pintura; 드로잉과 그림 강좌

정답 B) dos días por semana

24. 16세 이상의 학생들이 갈 수 있는 강좌는...

    A) 드로잉과 페인팅

    B) 연극

    C) 에어로댄스

체크 포인트 mayores de dieciséis años; 16살 이상의 학생들

정답 C) aerobaile

25. 가장 저렴한 가격을 가지고 있는 강좌는...

    A) 에어로댄스

    B) 연극

    C) 드로잉과 페인팅

체크 포인트 el precio más barato; 가장 저렴한 강좌

정답 B) teatro

PRUEBA 2: COMPRENSIÓN AUDITIVA

정답				
1	2	3	4	5
A	C	C	A	B

[EJEMPLO] **M**UJER: ¡Date prisa! Llegas tarde. **H**OMBRE: No, mamá. La clase empieza a las dos. ¿A qué hora empieza la clase?	**[예시]** **여**성: 서둘러, 너 늦었어! **남**성: 아니에요, 엄마. 수업은 두 시에 시작해요. 수업은 몇 시에 시작하나?

---

1.   M: Oye, ¿dónde están las llaves de casa?

H: No lo sé, puedes mirar en la estantería o en la mesa.

M: Ah no, lo siento, las tengo en la mochila.

¿Dónde están las llaves?

여: 야, 집 열쇠 어디 있어?

남: 모르겠는데, 찬장이나 탁자에 봐봐.

여: 아 아니다, 미안, 내 배낭에 있네.

열쇠는 어디 있나?

정답 A. 책가방

〈las tengo en la mochila; 그것들을 책가방 안에 가지고 있다〉, 이 문장에서 las는 앞에서 언급된 las llaves를 나타내는 직접목적어로, 열쇠들을 책가방 안에 가지고 있다고 해석할 수 있으므로 정답은 A. 책가방이다.

---

2.   H: ¿Prefieres ir al cine o quedarte en casa?

M: Estoy aburrida. Quiero ir al cine a ver una película.

H: De acuerdo. Te veo en el cine.

¿Dónde van a verse?

남: 영화관 가고 싶어 집에 있고 싶어?

여: 나 지루해. 영화 보러 영화관 가고 싶어.

남: 좋아. 그럼 영화관에서 보자.

그들은 어디에서 볼 것인가?

정답 C. 극장

〈Te veo en el cine; 영화관에서 너를 볼게〉 즉, 영화관에서 만나자고 해석되므로 정답은 C. 극장이다.

3. H: ¿Vamos a vernos mañana por la mañana para jugar al tenis?

남: 내일 아침에 테니스 치러 만날 거지?

M: Lo siento, mañana no puedo ir.

여: 미안, 내일 못 가.

H: ¿Por qué? ¿Tienes que trabajar?

남: 왜? 일해야 해?

M: No, voy a la playa con mi hermana.

여: 아니, 나 내일 언니랑 해변에 가.

¿Qué hace la mujer mañana?

내일 여자는 무엇을 하나?

정답 C. 해변

〈voy a la playa con mi hermana; 언니와 해변에 가〉라고 언급하므로 정답은 C. 해변이다.

4. M: Buenos días, Prof. Luis.

여: 안녕하세요, 루이스 선생님.

H: Buenos días. Siempre llegas muy temprano a clase, ¿no?

남: 안녕. 항상 수업에 일찍 오네?

M: Sí, vivo lejos de la escuela así que salgo de casa temprano.

여: 네, 저는 학교에서 멀리 살아서 집에서 일찍 나와요.

H: ¿Vienes en coche?

남: 차를 타고 오니?

M: No, vengo en autobús.

여: 아니요, 버스를 타고 와요.

¿Cómo va a la escuela la mujer?

여자는 어떻게 학교에 가나?

정답 A. 버스

〈vengo en autobús; 버스를 타고 온다〉라고 언급하므로 학교에 오는 수단이 A. 버스라는 것을 알 수 있다.

5. M: ¿En qué puedo ayudarle?

여: 어떻게 도와드릴까요?

H: Hola, estoy buscando una chaqueta negra.

남: 안녕하세요. 저는 검은색 자켓을 찾고 있어요.

M: Vale, ahora se la enseño. ¿Quiere algo más?

여: 네, 당신에게 그것을 지금 보여 드릴게요. 더 필요하신 것이 있나요?

H: Sí, también necesito pantalones.

남: 네, 바지도 필요해요.

M: De acuerdo. Voy a traerle algunos.

여: 알겠습니다. 제가 몇 개 가져와 볼게요.

¿Dónde está el hombre ahora?

지금 남자는 어디에 있나?

정답 B. 옷가게

〈estoy buscando una chaqueta negra; 검은 자켓을 찾고 있습니다. necesito pantalones; 바지가 필요합니다〉라며 옷을 찾고 있음을 알수 있다. 따라서 남자가 있는 장소는 B. 옷가게이다.

PRUEBA 2: COMPRENSIÓN AUDITIVA

정답				
6	7	8	9	10
G	D	F	I	B

[Mensaje 0] Vamos a limpiar la casa.	[메시지 0] 집 청소하자!

6. **[Mensaje 1]**

¿A qué planta va usted?

정답 G. 엘리베이터 안

[메시지 1]

몇 층에 가시나요?

7. **[Mensaje 2]**

Para mí, una botella de agua y para ella
coca-cola, por favor.

정답 D. 식당의 종업원과 손님

[메시지 2]

저는 물 한 병 주시고, 그녀에게는 코카콜라 주세요.

8. **[Mensaje 3]**

Estoy buscando zapatillas para usar cuando corro.

정답 F. 신발 가게

[메시지 3]

달릴 때 신을 운동화를 찾고 있는데요.

9. **[Mensaje 4]**

¿Quieres jugar más al tenis?

정답 I. 테니스장

[메시지 4]

테니스 더 치고 싶어?

10. **[Mensaje 5]**

Estoy buscando un libro de García Marqués.

정답 B. 서점 안

[메시지 5]

가르시아 마르케스의 책을 찾고 있습니다.

PRUEBA 2: COMPRENSIÓN AUDITIVA

정답							
11	12	13	14	15	16	17	18
K	F	I	D	L	C	B	E

0.	카페	A
11.	병원	
12.	정육점	
13.	빵집	
14.	체육관	
15.	식당	
16.	학교	
17.	교회	
18.	공원	

A	좋은 커피가 있다.
B	역사적이다.
C	수영장을 가지고 있다.
D	항상 문을 연다.
E	산책하기 좋다.
F	수요일에는 특가가 있다.
G	예쁘다.
H	크지 않다.
I	일찍 연다.
J	주말에 문을 연다.
K	크다.
L	한국 음식이 있다.

[EJEMPLO]

Soy Noa y vivo en un barrio de Sevilla, al sur de España. Mi barrio no es muy grande, pero es bonito. Primero hay una cafetería a la que todas las mañanas voy. Venden buen café y el dueño es muy simpático.

[예시]

저는 노아에요. 저는 스페인의 남부인 세비아의 한 동네에 살고있어요. 우리 동네는 크지는 않지만 예뻐요. 첫번째로 제가 매일 가는 카페가 있어요. 좋은 커피를 판매하고 주인도 매우 친절해요.

---

11. En mi barrio hay un hospital grande. Van todos los vecinos cuando están enfermos. Y trabaja un amigo mío como médico.

우리 동네에는 큰 병원이 있어요. 이웃들이 아프면 다 가요. 그리고 내 친구는 의사로 일해요.

정답 K. es grande; 크다

병원 – 〈En mi barrio hay un hospital grande; 우리 동네에는 큰 병원이 있다〉

12. Todos los miércoles mi madre va a la carnicería porque hay ofertas cada miércoles.

매주 수요일마다 어머니는 정육점에 가시는데, 특별 할인이 있기 때문이에요.

정답 F. tiene ofertas los miércoles; 수요일마다 특가 상품이 있다.

정육점 – 〈hay ofertas cada miércoles; 수요일마다 특가가 있다〉

13. La panadería abre muy temprano a las seis y media todos los días. Yo siempre compro pan y dulces en la panadería.

빵집은 매일 6시 반에 아주 일찍 문을 엽니다. 저는 항상 빵집에서 빵과 과자를 사요.

정답 I. abre temprano; 일찍 연다.

빵집 – 〈La panadería abre muy temprano a las seis y media todos los días; 빵집은 매일 오전 여섯 시 반 일찍 연다〉

14. Mis amigos y yo vamos al mismo gimnasio. Es barato y abre todos los días, veinticuatro horas.

내 친구와 나는 같은 체육관에 다닙니다. 가격도 저렴하고 매일 24시간 열려 있습니다.

정답 D. está abierto siempre; 항상 열려 있다.

체육관 – 〈abre todos los días; 매일 연다〉

15. Suelo ir al restaurante coreano. Es muy bueno para cenar con amigos y familia.

저는 주로 한식당에 가요. 친구, 가족과 함께 저녁 식사하기에 매우 좋습니다.

정답 L. es de comida coreana; 한국 음식점이다.

식당 – 〈Suelo ir al restaurante coreano; 자주 한국 음식점에 간다〉

16. Mi hermana pequeña va a la escuela cerca de mi casa. Es grande y tiene una piscina pública.

내 여동생은 집 근처에 있는 학교에 다니고 있어요. 학교가 크고, 공용 수영장이 있습니다.

정답 C. tiene piscina; 수영장이 있다.

수영장 – 〈tiene una piscina pública; 공용 수영장이 있다〉

17. La iglesia está al lado de la plaza. Es un lugar histórico y vienen turistas para visitarla.

교회는 광장 옆에 있습니다. 역사적인 장소이고 관광객들이 이곳을 방문하기 위해 옵니다.

정답 B. es histórica; 역사적인 장소이다.

교회 – 〈Es un lugar histórico; 역사적 장소이다〉

18. Me encanta el parque de mi barrio. Hay muchos árboles y plantas. Es un buen lugar para montar en bicicleta y pasear con la familia.

나는 우리 동네 공원을 좋아해요. 나무와 식물이 많이 있습니다. 가족과 함께 자전거를 타고 산책하기 좋은 곳입니다.

정답 E. es bueno para pasear; 산책하기 좋다.

공원 – 〈Es un buen lugar para montar en bicicleta y pasear con la familia; 자전거를 타고 가족과 산책하기에 좋은 장소이다〉

PRUEBA 2: COMPRENSIÓN AUDITIVA

정답						
19	20	21	22	23	24	25
D	G	E	I	H	C	B

[AUDIO]

MUJER: ¡Hola, Martín! ¿Cómo te va en tu nuevo piso?

HOMBRE: Hola, Patricia. _Todavía no está todo organizado_, (0) pero está bien.

M: ¿Cómo es el piso?

H: Es más grande que el anterior. Tiene tres dormitorios, _dos baños_, (19) cocina y un salón grande.

M: Parece grande para ti solo.

H: Sí, _para vivir con mis padres_. (20)

M: Ah, vale. ¿Tiene balcón?

H: Sí, hay un balcón. Luego _voy a poner sillas y una mesa_. (21)

M: ¡Perfecto! En tu dormitorio, ¿qué muebles hay?

H: En mi dormitorio hay una cama, una mesita de noche, un armario empotrado y un sillón.

M: ¿Usas el baño solo?

H: Sí, _uso un baño solo_ (22) y mis padres van a usar el otro.

M: ¡Genial! ¿Cómo es la cocina?

H: Es bastante grande. Mi madre siempre quiere una cocina grande porque le gusta cocinar. _Ella va a pasar mucho tiempo en esa cocina_. (23)

M: ¿A tu padre también le gusta el nuevo piso?

H: Sí, mucho. _El lugar que le gusta más a mi padre es el salón grande_. (24) Es amplio y tiene _mucha luz_. (25)

M: Se ve acogedor.

H: Lo es. Nos encanta el nuevo piso.

[녹음 음성]

여성: 안녕, 마르틴. 너의 새 집은 어때?

남성: 안녕, 파트리시아. 아직 _다 정리되지는 않았지만_ _(A) organizado_ 정리 좋아.

여: 아파트는 어때?

남: 이전 집보다 더 커. 방 세개, _욕실 두개_, _(D) dos 두개_ 주방 그리고 큰 거실이 있어.

여: 너 혼자에게는 좀 커 보이는데?

남: 응, _우리 부모님과 살기 위한 거야_. _(G) sus padres 부모님들_

여: 아, 그렇구나. 발코니도 있어?

남: 응, 발코니 있어. 나중에 거기에 _의자와 테이블을 놓을거야_. _(E) mesa y silla 테이블과 의자_

여: 완벽하다. 네 방에는 어떤 가구들이 있어?

남: 내 방에는 침대, 협탁, 붙박이 옷장과 안락의자가 있어.

여: 화장실은 혼자 써?

남: 응, _내가 하나의 화장실을 혼자 사용하고_ _(I) solo 혼자서_ 우리 부모님이 다른 하나를 이용할거야.

여: 너무 좋다! 주방은 어때?

남: 상당히 커. 우리 어머니는 항상 _큰 주방을 원하_ 시는데, 요리하는 것을 좋아하시거든. _거기에서 많은 시간을 보내실 거야_. _(H) la cocina 주방_

여: 너희 아버지는 새 집 좋아하셔?

남: 응, 매우 좋아하셔. _아버지가 가장 좋아하는 장소는 큰 거실이야_. _(C) el salón 거실_ 넓고 빛이 잘 들거든. _(B) luminoso 밝은_

여: 안락해 보인다.

남: 응 맞아. 우리는 우리 새 집이 매우 마음에 들어.

0.	마르틴의 새 집은 ___A___ 하지 않은 상태에 있다.	**A**	정돈된
19.	집은 ___D___개의 욕실을 가지고 있다.	**B**	밝은
20.	마르틴은 ___G___과 살 것이다.	**C**	거실
21.	마르틴은 발코니에 ___E___을 놓을것이다.	**D**	둘
22.	마르틴은 화장실을 ___I___ 사용한다.	**E**	테이블과 의자
23.	마르틴의 어머니는 ___H___에서 많은 시간을 보낼 것이다.	**F**	옷장
24.	마르틴의 아버지는 ___C___를 더 좋아한다.	**G**	그(그녀)의 부모님들
25.	거실은 ___B___.	**H**	주방
		I	혼자

PRUEBA 3: EXPRESIÓN E INTERACCIÓN ESCRITAS

☑ **지시문** ─────────────────────────────

☑ 도서관 카드를 신청하고 싶습니다. 아래 양식을 작성해 주세요.

DATOS DEL SOLICITANTE	
Solicitud de carné de la Biblioteca Central	
APELLIDOS: Perez	NOMBRE: María
FECHA DE NACIMIENTO: 13/10/1993	
NACIONALIDAD: portuguesa	
SEXO: mujer	
TELÉFONO MÓVIL: 663924729	
CORREO ELECTRÓNICO: mariaperez1013@escuela.com	
DIRECCIÓN HABITUAL	
CALLE: Gran Vía	NÚMERO ___24___ PISO ___4º___
CUIDAD: Madrid	PAÍS: España

MEDIO DE RECEPCIÓN DE LA TARJETA

☑ Envío Postal (Indicar abajo dirección de envío.)   ☐ Recogida en la biblioteca
   우편으로 받기 (아래에 받을 주소를 적으세요)   도서관에서 수령

DOMICILIO
CALLE Y NÚMERO: Gran Vía, 24, 40   CIUDAD: Madrid   PAÍS: España

PREGUNTAS PARA SOLICITANTES 지원자 질문

¿Con qué finalidad va la biblioteca? 어떤 목적으로 도서관에 가나요?

Voy a la biblioteca para estudiar y leer libros. Me gusta mucho leer novelas.
나는 도서관에 가서 공부하고 책을 읽으러 갑니다. 저는 소설 읽는 것을 정말 좋아해요.

¿Con qué frecuencia utiliza la biblioteca? 얼마나 자주 도서관을 이용하나요?

Voy casi todos los días, o sea, 5 veces a la semana. Después de la escuela, siempre voy a la biblioteca.
저는 거의 매일, 즉 일주일에 5번 갑니다. 방과 후에는 항상 도서관에 갑니다.

PRUEBA 3: EXPRESIÓN E INTERACCIÓN ESCRITAS

지문과 요구사항 체크

당신은 스포츠 클럽의 일원이 되고 싶다. 자신을 소개하기 위해 이메일을 써야한다. 그 안에는 다음의 것들을 써야한다:

- 인사와 자기소개;
- 당신의 신체 묘사와 어떤 운동을 하는지;
- 어떤 동기로 클럽의 일원이 되고 싶은지;
- 작별인사

¡Hola a todos!

Me llamo Josefa Martín y tengo dieciséis años.

Soy más alta que otros de mis amigos. Practico baloncesto y voleibol. Me gusta mucho practicar deportes y quiero hacerlo con otros amigos en el club.

Gracias.

Josefa Martín

(40 palabras)

모두 안녕하세요!

제 이름은 호세파 마르틴이고 16살이에요.

저는 다른 친구들보다 키가 커요. 저는 농구와 배구를 합니다. 운동하는 것을 매우 좋아하고 클럽에서 다른 친구들과 함께 운동을 하고 싶어요.

감사합니다.

호세파 마르틴

PRUEBA 4: PRUEBA DE EXPRESIÓN E INTERACCIÓN ORALES

▣ 모범 답변

Hola, me llamo María Teresa y tengo veintitrés años. Soy inglesa, pero vivo en Alemania por estudios. Yo estudio Enfermería en la universidad. Normalmente tengo muchos deberes por eso siempre voy a la biblioteca. Vivo en un piso cerca de la universidad con tres compañeros extranjeros. Soy muy trabajadora y sincera. Pero un poco tímida. Me gusta estar en casa leyendo libros y viendo películas. Yo hablo inglés y alemán. Gracias.

안녕하세요. 제 이름은 마리아 테레사이고 23살입니다. 저는 영국사람이지만 학업때문에 독일에 살아요. 저는 대학에서 간호학을 공부해요. 보통 숙제가 많아서 항상 도서관에 갑니다. 저는 학교 근처의 아파트에서 세명의 외국인 룸메이트들과 살고 있어요. 저는 매우 성실하고 진실합니다. 그러나 조금 소심해요. 저는 집에서 책을 읽거나 영화 보는 것을 좋아해요. 저는 영어와 독일어를 합니다. 감사합니다.

PRUEBA 4: PRUEBA DE EXPRESIÓN E INTERACCIÓN ORALES

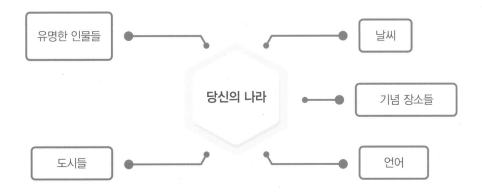

■ 모범 답변

Quiero hablar de mi país.

Soy de Barcelona, España. Está en Europa y es famosa por su interesante cultura y comida deliciosa. Tiene muchos lugares y monumentos conocidos. El clima es diferente depende de las ciudades, pero donde vivo yo, en Barcelona hace muy buen tiempo.

Hablando de personajes famosos de mi país, hay muchos. Por ejemplo, Antonio Gaudí, era arquitecto y en mi ciudad hay muchos edificios conocidos de él. Y Pablo Picasso es también un personaje bastante famoso. Era un gran pintor, tiene muchas obras como El Guernica y Las señoritas de Avignon. Se pueden ver en el museo.

En mi país existen varias lenguas depende de las regiones. Todos los españoles hablan castellano, y en Cataluña se habla catalán y en el País Vasco se habla euskera.

Mi país es un país que todos quieren visitar para viajar y disfrutar.

우리 나라에 대해 이야기 하고 싶습니다.

저는 스페인 바르셀로나에서 왔습니다. 스페인은 유럽에 있고 흥미로운 문화와 맛있는 음식으로 유명합니다. 잘 알려진 장소들과 기념물들이 많이 있습니다. 기후는 도시마다 다르지만 제가 살고 있는 바르셀로나는 날씨가 매우 좋습니다.

우리 나라의 유명한 인물들에 대해 이야기하자면, 많은 인물들이 있습니다. 예를 들어, 안토니오 가우디는 건축가였고 제가 사는 도시에 그가 건축한 유명한 건물들이 많이 있습니다. 그리고 파블로 피카소도 또한 상당히 유명한 인물입니다. 위대한 화가였고 게르니카나 아비뇽의 처녀들과 같은 많은 작품을 가지고 있습니다. 박물관에서 그것들을 볼 수 있습니다.

우리 나라에는 지역에 따라 다양한 언어들이 존재합니다. 모든 스페인 사람들은 카스테야노를 하고 카탈루냐 지역에서는 카탈란을, 바스크 지역에서는 에우스케라를 말합니다.

우리 나라는 많은 이들이 여행하고 즐기기 위해 방문하기를 원하는 나라입니다.

PRUEBA 4: PRUEBA DE EXPRESIÓN E INTERACCIÓN ORALES

Examinador/a 시험관	Es usted de Barcelona, ¿hay playas allí?
	당신은 바르셀로나에서 왔다고 하는데, 그곳에는 해변이 있나요?
Candidato/a 응시자	Sí, hay unas playas muy bonitas en Barcelona.
	네 바르셀로나에는 예쁜 해변들이 있습니다.
Examinador/a	¿Cuándo es buen momento para viajar a su país?
	당신의 나라를 여행하기 위한 좋은 시기는 언제인가요?
Candidato/a	La primavera y el otoño son buenas temporadas para viajar. Porque en verano hace mucho calor en mi país, no es buen momento para viajar.
	봄과 가을이 여행하기에 좋은 시즌입니다. 우리나라는 여름에 매우 덥기 때문에 여행하기 좋은 시기는 아닙니다.
Examinador/a	¿Le gusta Antonio Gaudí?
	안토니오 가우디를 좋아하나요?
Candidato/a	Sí, admiro sus edificios, sobre todo, la Sagrada Familia. Es una catedral magnífica.
	네, 그의 건물들을 좋아합니다. 특히나 사그라다 파밀리아를요. 정말 멋진 성당입니다.
Examinador/a	Ah, bien. Además de Pablo Picasso, ¿hay otros pintores famosos en su país?
	아 좋네요. 파블로 피카소 이외에는 다른 유명한 화가들이 있나요?
Candidato/a	Sí, Joan Miro y Salvador Dalí son españoles y bastante conocidos.
	네, 호안 미로와 살바도르 달리도 스페인 사람이고 상당히 유명합니다.
Examinador/a	Y ¿cuál es la comida más famosa de su país?
	당신의 나라에서 가장 유명한 음식은 무엇인가요?
Candidato/a	Creo que la paella es la comida más famosa. Muchos amigos míos siempre me preguntan por la paella.
	제 생각에는 파에야가 가장 유명할 것 같아요. 많은 친구들이 저에게 파에야에 관해 물어봅니다.
Examinador/a	¿Es un plato típico de España?
	스페인의 전형적인 음식인가요?
Candidato/a	Sí, es un plato típico.
	네, 그렇습니다.
Examinador/a	¿Se come mucho en España?
	스페인에서 많이 먹나요?
Candidato/a	La verdad es que no se come mucho. A veces en las comidas de familia se come. Más o menos una vez al mes.
	사실 많이 먹지는 않습니다. 가끔씩 가족 식사에서 먹곤 합니다. 대략 한달에 한번정도요.

Examinador/a	Muy bien. ¿Viaja mucho por su país?
	좋습니다. 당신의 나라를 많이 여행을 하시나요?
Candidato/a	Sí, me gusta viajar por mi país.
	네, 우리 나라를 여행하는 것을 좋아합니다.
Examinador/a	¿Cuál es su ciudad favorita del país?
	가장 좋아하는 도시는 어디입니까?
Candidato/a	Mi favorita es Sevilla. Me gustan todas las ciudades de Andalucía, pero sobre todo, me gusta Sevilla. Porque hay playas bonitas y mucha variedad de comida.
	제가 제일 좋아하는 곳은 세비야 입니다. 안달루시아의 모든 도시들을 좋아하는데요 특히 세비야를요. 그 이유는 예쁜 해변들이 있고 다양한 음식이 있기 때문입니다.
Examinador/a	Y ¿también tienen su propia lengua en Andalucía?
	안달루시아도 다른 고유 언어가 있나요?
Candidato/a	Sí, ellos hablan andaluz, parecido a castellano.
	네, 그들은 카스테야노와 비슷한 안달루시아어를 합니다.
Examinador/a	¡Qué interesante!
	매우 흥미롭네요!

■ 시험 응시자가 시험관에게

1. ¿Cómo es el clima de su país? ¿Llueve mucho?
   당신 나라의 기후는 어떻습니까? 비가 많이 오나요?

2. ¿Cuál es su lugar favorito en su ciudad? ¿Podría recomendarme algún lugar?
   당신의 도시에서 가장 좋아하는 장소는 어디입니까? 저에게 장소를 추천해 주시겠어요?

Hoja de respuestas

DELE

A1

답안지

DELE

Examen: **DELE A1**
Prueba: **Comprensión de lectura**
Centro: **Instituto Cervantes de Seúl**
Candidato/a:

Fecha de examen:
Inscripción:

PARA CUMPLIMENTAR POR EL CENTRO DE EXAMEN: ☐ No presentado   ☐ No se califica

INSTRUCCIONES: Debe seleccionar **una única** respuesta para cada una de las preguntas de la prueba del modo que se indica:

■ Bien marcado	☒ ⧄ ☑ Mal marcado

Tarea 1

1   Ⓐ Ⓑ Ⓒ
2   Ⓐ Ⓑ Ⓒ
3   Ⓐ Ⓑ Ⓒ
4   Ⓐ Ⓑ Ⓒ
5   Ⓐ Ⓑ Ⓒ

Tarea 2

6   Ⓐ Ⓑ Ⓒ Ⓓ Ⓔ Ⓕ Ⓖ Ⓗ Ⓘ Ⓙ
7   Ⓐ Ⓑ Ⓒ Ⓓ Ⓔ Ⓕ Ⓖ Ⓗ Ⓘ Ⓙ
8   Ⓐ Ⓑ Ⓒ Ⓓ Ⓔ Ⓕ Ⓖ Ⓗ Ⓘ Ⓙ
9   Ⓐ Ⓑ Ⓒ Ⓓ Ⓔ Ⓕ Ⓖ Ⓗ Ⓘ Ⓙ
10   Ⓐ Ⓑ Ⓒ Ⓓ Ⓔ Ⓕ Ⓖ Ⓗ Ⓘ Ⓙ
11   Ⓐ Ⓑ Ⓒ Ⓓ Ⓔ Ⓕ Ⓖ Ⓗ Ⓘ Ⓙ

Tarea 3

12   Ⓐ Ⓑ Ⓒ Ⓓ Ⓔ Ⓕ Ⓖ Ⓗ Ⓘ Ⓙ
13   Ⓐ Ⓑ Ⓒ Ⓓ Ⓔ Ⓕ Ⓖ Ⓗ Ⓘ Ⓙ
14   Ⓐ Ⓑ Ⓒ Ⓓ Ⓔ Ⓕ Ⓖ Ⓗ Ⓘ Ⓙ
15   Ⓐ Ⓑ Ⓒ Ⓓ Ⓔ Ⓕ Ⓖ Ⓗ Ⓘ Ⓙ
16   Ⓐ Ⓑ Ⓒ Ⓓ Ⓔ Ⓕ Ⓖ Ⓗ Ⓘ Ⓙ
17   Ⓐ Ⓑ Ⓒ Ⓓ Ⓔ Ⓕ Ⓖ Ⓗ Ⓘ Ⓙ

Tarea 4

18   Ⓐ Ⓑ Ⓒ
19   Ⓐ Ⓑ Ⓒ
20   Ⓐ Ⓑ Ⓒ
21   Ⓐ Ⓑ Ⓒ
22   Ⓐ Ⓑ Ⓒ
23   Ⓐ Ⓑ Ⓒ
24   Ⓐ Ⓑ Ⓒ
25   Ⓐ Ⓑ Ⓒ

DELE

Fecha de examen:
Inscripción:

Examen: **DELE A1**
Prueba: **Comprensión auditiva**
Centro: **Instituto Cervantes de Seúl**
Candidato/a:

PARA CUMPLIMENTAR POR EL CENTRO DE EXAMEN: ☐ No presentado ☐ No se califica

INSTRUCCIONES: Debe seleccionar **una única** respuesta para cada una de las preguntas de la prueba del modo que se indica:

■ Bien marcado	⊠ ⊠ ☑ Mal marcado

Tarea 1

1 A B C
2 A B C
3 A B C
4 A B C
5 A B C

Tarea 2

6 A B C D E F G H I
7 A B C D E F G H I
8 A B C D E F G H I
9 A B C D E F G H I
10 A B C D E F G H I

Tarea 3

11 A B C D E F G H I J K L
12 A B C D E F G H I J K L
13 A B C D E F G H I J K L
14 A B C D E F G H I J K L
15 A B C D E F G H I J K L
16 A B C D E F G H I J K L
17 A B C D E F G H I J K L
18 A B C D E F G H I J K L

Tarea 4

19 A B C D E F G H I
20 A B C D E F G H I
21 A B C D E F G H I
22 A B C D E F G H I
23 A B C D E F G H I
24 A B C D E F G H I
25 A B C D E F G H I

DELE

Fecha de examen:

Inscripción:

Examen: **DELE A1**
Prueba: **Expresión e interacción escritas**
Centro: **Instituto Cervantes de Seúl**
Candidato/a:

PARA CUMPLIMENTAR POR EL CENTRO DE EXAMEN: ☐ No presentado   ☐ No se califica

---

Tarea 1. Escriba la respuesta ÚNICAMENTE dentro del cuadro.

Datos personales

Nombre

Apellidos

Dirección

Calle

Número

Piso

Ciudad

País

Teléfono fijo

Teléfono móvil

Correo electrónico

Edad

Nacionalidad

Pregunta 1

Pregunta 2

Pregunta 3

Pregunta 4

DELE

Fecha de examen:
Inscripción:

Examen: **DELE A1**
Prueba: **Expresión e interacción escritas**
Centro: **Instituto Cervantes de Seúl**
Candidato/a:

Tarea 2. Escriba la respuesta ÚNICAMENTE dentro del cuadro.

DELE

Examen: **DELE A1**
Prueba: **Comprensión de lectura**
Centro: **Instituto Cervantes de Seúl**
Candidato/a:

Fecha de examen:
Inscripción:

PARA CUMPLIMENTAR POR EL CENTRO DE EXAMEN: ☐ No presentado ☐ No se califica

INSTRUCCIONES: Debe seleccionar **una única** respuesta para cada una de las preguntas de la prueba del modo que se indica:

■ Bien marcado	☒ ☒ ☑ Mal marcado

Tarea 1

1 A B C
2 A B C
3 A B C
4 A B C
5 A B C

Tarea 2

6 A B C D E F G H I J
7 A B C D E F G H I J
8 A B C D E F G H I J
9 A B C D E F G H I J
10 A B C D E F G H I J
11 A B C D E F G H I J

Tarea 3

12 A B C D E F G H I J
13 A B C D E F G H I J
14 A B C D E F G H I J
15 A B C D E F G H I J
16 A B C D E F G H I J
17 A B C D E F G H I J

Tarea 4

18 A B C
19 A B C
20 A B C
21 A B C
22 A B C
23 A B C
24 A B C
25 A B C

DELE

Fecha de examen:
Inscripción:

Examen: **DELE A1**
Prueba: **Comprensión auditiva**
Centro: **Instituto Cervantes de Seúl**
Candidato/a:

PARA CUMPLIMENTAR POR EL CENTRO DE EXAMEN: ☐ No presentado ☐ No se califica

INSTRUCCIONES: Debe seleccionar **una única** respuesta para cada una de las preguntas de la prueba del modo que se indica:

■ Bien marcado	☒ ◪ ☑ Mal marcado

Tarea 1

1	A	B	C
2	A	B	C
3	A	B	C
4	A	B	C
5	A	B	C

Tarea 2

6	A	B	C	D	E	F	G	H	I
7	A	B	C	D	E	F	G	H	I
8	A	B	C	D	E	F	G	H	I
9	A	B	C	D	E	F	G	H	I
10	A	B	C	D	E	F	G	H	I

Tarea 3

11	A	B	C	D	E	F	G	H	I	J	K	L
12	A	B	C	D	E	F	G	H	I	J	K	L
13	A	B	C	D	E	F	G	H	I	J	K	L
14	A	B	C	D	E	F	G	H	I	J	K	L
15	A	B	C	D	E	F	G	H	I	J	K	L
16	A	B	C	D	E	F	G	H	I	J	K	L
17	A	B	C	D	E	F	G	H	I	J	K	L
18	A	B	C	D	E	F	G	H	I	J	K	L

Tarea 4

19	A	B	C	D	E	F	G	H	I
20	A	B	C	D	E	F	G	H	I
21	A	B	C	D	E	F	G	H	I
22	A	B	C	D	E	F	G	H	I
23	A	B	C	D	E	F	G	H	I
24	A	B	C	D	E	F	G	H	I
25	A	B	C	D	E	F	G	H	I

절취선

DELE

Fecha de examen:
Inscripción:

Examen: **DELE A1**
Prueba: **Expresión e interacción escritas**
Centro: **Instituto Cervantes de Seúl**
Candidato/a:

PARA CUMPLIMENTAR POR EL CENTRO DE EXAMEN: ☐ No presentado ☐ No se califica

Tarea 1. Escriba la respuesta ÚNICAMENTE dentro del cuadro.

Datos personales

Nombre

Apellidos

Dirección

Calle

Número

Piso

Ciudad

País

Teléfono fijo

Teléfono móvil

Correo electrónico

Edad

Nacionalidad

Pregunta 1

Pregunta 2

Pregunta 3

Pregunta 4

DELE

Fecha de examen:
Inscripción:

Examen: **DELE A1**
Prueba: **Expresión e interacción escritas**
Centro: **Instituto Cervantes de Seúl**
Candidato/a:

Tarea 2. Escriba la respuesta ÚNICAMENTE dentro del cuadro.